**Basic Hangul Learning
for Foreigners**

외국인을 위한

기초 **한글배우기**

④ 생활편

권용선 저

앙부일구(仰釜日晷)-해시계
Sundial 1434년(세종16년)
태양(太陽)의 움직임 변화(變化)를 측정(測定)하여 시간(時間)을 알려주는 기구(器具)

외국인을 위한 기초 한글 배우기

한글배우기 ④ 생활편

2018년 8월 10일 초판 1쇄 인쇄
2018년 8월 25일 초판 1쇄 발행

발행인 / 배영순
저자 / 權容璿(권용선)
펴낸곳 / 홍익교육
기획·편집 / 아이한글 연구소
출판등록 / 2010-10호
주소 / 경기도 광명시 광명동 200-6 한진상가 B동 309호
전화 / 02-2060-4011
정가 / 12,000원
ISBN 979-11-88505-05-0 / 63710

머리말 PREFACE

한글은 자음 14자, 모음 10자 그 외에 겹자음과 겹모음의 조합으로 글자가 이루어지며 소리를 갖게됩니다. 한글 조합자는 약 11,170자로 이루어져 있는데, 그중 30% 정도가 주로 사용되고 있습니다.

이 책은 실생활에서 자주 사용하는 우리말을 토대로 ①기초편 ②문장편 ③대화편 ④생활편으로 구성하였고, ④생활편의 내용은 다음 사항을 중심으로 개발되었습니다.

- 요일에 대한 대화를 읽고, 따라 써 보도록 하였습니다.
- 생활에서 일어나는 대화를 읽고, 문장을 따라 써 보도록 하였습니다.
- 반복적인 쓰기 학습을 통해 자연스레 한글을 습득할 수 있도록 '쓰기'에 많은 지면을 할애하였습니다.
- 한국의 일상생활에서 자주 사용되는 글자나 낱말을 중심으로 내용을 구성하였습니다.
- 사용빈도가 높지 않은 한글에 대한 내용은 줄이고, 꼭 필요한 내용만 수록하였습니다.

언어를 배우는 것은 문화를 배우는 것이며, 사고의 폭을 넓히는 계기가 됩니다. 이 책은 한글 학습에 기본이 되는 교재이므로 내용을 꼼꼼하게 터득하면 한글은 물론 한국의 문화와 정신까지 폭넓게 이해하게 될 것입니다.

저자 **권용선**

차례 CONTENTS

여가 생활

다음 요일에 대한 대화를 읽고, 암기하세요.

제시카   오늘은 무슨 요일입니까?

에일리   오늘은 수요일입니다.

제시카   내일은 무엇을 하십니까?

에일리   내일은 도서관에 갑니다.

제시카   토요일에도 도서관에 가십니까?

에일리   아니요, 토요일에는 청소도 하고, 쉽니다.
          제시카 씨는 토요일에 무엇을 하십니까?

제시카   토요일에 저는 텔레비전을 보고, 요리도 합니다.

자주 배울 낱말	○ 오늘 ○ 무슨 ○ 요일 ○ 수요일 ○ 내일 ○ 도서관 ○ 토요일 ○ 가십니까? ○ 청소 ○ 쉽니다 ○ 요리

TIP   일주일의 요일은 월요일, 화요일, 수요일, 목요일, 금요일, 토요일, 일요일이 있고, 토요일을 주말이라고도 합니다.

다음 요일에 대한 대화를 읽고, 문장을 따라 쓰세요.

오늘은 무슨 요일입니까?
오늘은 수요일입니다.

내일은 무엇을 하십니까?
내일은 도서관에 갑니다.

토요일에도 도서관에 가십니까?
아니요, 토요일에는 청소도 하고, 쉽니다.
제시카 씨는 토요일에 무엇을 하십니까?

토요일에 저는 텔레비전을 보고, 요리도 합니다.

다음 보기 와 같이 대답을 쓰세요.

보기
> 오늘은 무슨 요일입니까? [월요일]
> ⇨ 오늘은 월요일입니다.

① 오늘은 무슨 요일입니까? [수요일]
⇨ _____

② 오늘은 무슨 요일입니까? [금요일]
⇨ _____

③ 오늘은 무슨 요일입니까? [일요일]
⇨ _____

④ 어제는 무슨 요일입니까? [화요일]
⇨ _____

⑤ 어제는 무슨 요일입니까? [목요일]
⇨ _____

⑥ 어제는 무슨 요일입니까? [토요일]
⇨ _____

⑦ 어제는 무슨 요일입니까? [월요일]
⇨ _____

⑧ 내일은 무슨 요일입니까? [수요일]
⇨ _____

⑨ 내일은 무슨 요일입니까? [금요일]
⇨ _____

⑩ 내일은 무슨 요일입니까? [화요일]
⇨ _____

TIP 오늘을 기준으로 이전이 '어제' 이후가 '내일'입니다.

다음 와 같이 대답을 쓰세요.

> **보기**
>
> 어디에서 공부를 하십니까? [학교]
> ⇨ 학교에서 공부합니다.

① 어디에서 책을 읽습니까? [도서관]
⇨ _____

② 어디에서 목욕을 하십니까? [사우나]
⇨ _____

③ 어디에서 우표를 삽니까? [우체국]
⇨ _____

④ 어디에서 주민증을 받습니까? [동사무소]
⇨ _____

⑤ 어디에서 놉니까? [공원]
⇨ _____

⑥ 어디에서 낚시를 합니까? [호수]
⇨ _____

⑦ 어디에서 행사를 하십니까? [시청]
⇨ _____

⑧ 어디에서 영화를 보십니까? [극장]
⇨ _____

⑨ 어디에서 결혼식을 합니까? [예식장]
⇨ _____

⑩ 어디에서 채소를 기릅니까? [주말 농장]
⇨ _____

 '~에서'는 위치를 나타내는 조사로 앞에는 '장소'가 옵니다.

다음을 보기 와 같이 고쳐 쓰세요.

> 보기
>
> 텔레비전을 봅니다. 그리고 요리도 합니다.
> ⇨ 텔레비전을 보고, 요리도 합니다.

① 고구마를 먹습니다. 그리고 감자도 먹습니다.
   ⇨ _____

② 청소를 합니다. 그리고 쉬기도 합니다.
   ⇨ _____

③ 책을 읽습니다. 그리고 일기도 씁니다.
   ⇨ _____

④ 도서관을 갑니다. 그리고 식당에도 갑니다.
   ⇨ _____

⑤ 축구를 좋아합니다. 그리고 야구도 좋아합니다.
   ⇨ _____

⑥ 요리하기를 좋아합니다. 그리고 먹기도 좋아합니다.
   ⇨ _____

⑦ 작곡을 좋아합니다. 그리고 노래 부르는 것도 좋아합니다.
   ⇨ _____

⑧ 여행을 좋아합니다. 그리고 요리도 합니다.
   ⇨ _____

⑨ 게임을 합니다. 그리고 노래도 합니다.
   ⇨ _____

⑩ 만들기를 합니다. 그리고 그리기도 합니다.
   ⇨ _____

> TIP '~입니다. 그리고 ~'는 '~이고, ~'로 바꿔 문장을 이을 수 있습니다. 또한 '~이고' 앞에는 밭침이 없는 말이 오므로 주의하여 바꾸어야 합니다.

다음 보기 와 같이 대답을 쓰세요.

보기
내일은 무엇을 하십니까? [학교]
⇨ 내일은 학교에 갑니다.

① 내일은 무엇을 하십니까? [도서관]
⇨ _____

② 내일은 무엇을 하십니까? [사우나]
⇨ _____

③ 내일은 무엇을 하십니까? [우체국]
⇨ _____

④ 내일은 무엇을 하십니까? [동사무소]
⇨ _____

⑤ 내일은 무엇을 하십니까? [공원]
⇨ _____

⑥ 내일은 무엇을 하십니까? [할머니 댁]
⇨ _____

⑦ 내일은 무엇을 하십니까? [시청]
⇨ _____

⑧ 내일은 무엇을 하십니까? [극장]
⇨ _____

⑨ 내일은 무엇을 하십니까? [예식장]
⇨ _____

⑩ 내일은 무엇을 하십니까? [주말 농장]
⇨ _____

 '~에' 앞에는 장소가 나옵니다.

다음 주말에 대한 대화를 읽고, 암기하세요.

톰슨	지난 주 주말에는 무엇을 했어요?
에리카	친구를 만났어요.
톰슨	친구를 만나서 무엇을 했어요?
에리카	친구를 만나서 카페에서 차를 마셨어요.
톰슨	차는 무슨 차를 마셨어요?
에리카	커피요.
톰슨	맛있던가요?
에리카	아주 맛있었어요.

자주 배울 낱말   ○ 지난 주   ○ 주말   ○ 했어요?   ○ 친구   ○ 카페   ○ 차   ○ 마셨어요   ○ 커피   ○ 아주

TIP '주말'은 한 주일의 끝 무렵, 토요일과 일요일을 말합니다.

다음 주말에 대한 대화를 읽고, 문장을 따라 쓰세요.

지난 주 주말에는 무엇을 했어요?

친구를 만났어요.

친구를 만나서 무엇을 했어요?

친구를 만나서 카페에서 차를 마셨어요.

차는 무슨 차를 마셨어요?

커피요.

맛있던가요?

아주 맛있었어요.

다음 달력을 보고, 물음에 답하세요.

일요일	월요일	화요일	수요일	목요일	금요일	토요일
					1	2
3	4	5	6	7 도서관 가기	8	9
10	11	12	13 오늘	14	15	16 등산하기
17 집안 청소	18	19	20	21	22	23
24/31	25	26	27	28	29	30

→지난 주

→이번 주

→다음 주

① 지난 주 6일은 무슨 요일입니까?

⇨ _____

② 지난 주 7일에 어디에 갔습니까?

⇨ _____

③ 이번 주 토요일에 무엇을 합니까?

⇨ _____

④ 다음 주 일요일에는 무엇을 합니까?

⇨ _____

⑤ 오늘은 며칠입니까?

⇨ _____

⑥ 어제와 내일의 날짜는 며칠과 며칠입니까?

⇨ _____

다음 달력을 보고, 물음에 답하세요.

1월
일	월	화	수	목	금	토
			1	2	3	4	5
6	7	8	9	10	11	12
13	14	15	16	17	18	19
20	21	22	23	24	25	26
27	28	29	30	31		

2월
일	월	화	수	목	금	토
					1	2
3	4	5	6	7	8	9
10	11	12	13	14	15	16
17	18	19	20	21	22	23
24	25	26	27	28		

3월
일	월	화	수	목	금	토
					1	2
3	4	5	6	7	8	9
10	11	12	13	14	15	16
17	18	19	20	21	22	23
24	25	26	27	28	29	30
31						

4월
일	월	화	수	목	금	토
	1	2	3	4	5	6
7	8	9	10	11	12	13
14	15	16	17	18	19	20
21	22	23	24	25	26	27
28	29	30				

5월
일	월	화	수	목	금	토
			1	2	3	4
5	6	7	8	9	10	11
12	13	14	15	16	17	18
19	20	21	22	23	24	25
26	27	28	29	30	31	

6월
일	월	화	수	목	금	토
						1
2	3	4	5	6	7	8
9	10	11	12	13	14	15
16	17	18	19	20	21	22
23	24	25	26	27	28	29
30						

이번 달 7월
일	월	화	수	목	금	토
	1	2	3	4	5	6
7	8	9	10	11	12	13
14	15	16	17	18	19	20
21	22	23	24	25	26	27
28	29	30	31			

8월
일	월	화	수	목	금	토
				1	2	3
4	5	6	7	8	9	10
11	12	13	14	15	16	17
18	19	20	21	22	23	24
25	26	27	28	29	30	31

9월
일	월	화	수	목	금	토
1	2	3	4	5	6	7
8	9	10	11	12	13	14
15	16	17	18	19	20	21
22	23	24	25	26	27	28
29	30					

10월
일	월	화	수	목	금	토
		1	2	3	4	5
6	7	8	9	10	11	12
13	14	15	16	17	18	19
20	21	22	23	24	25	26
27	28	29	30	31		

11월
일	월	화	수	목	금	토
					1	2
3	4	5	6	7	8	9
10	11	12	13	14	15	16
17	18	19	20	21	22	23
24	25	26	27	28	29	30

12월
일	월	화	수	목	금	토
1	2	3	4	5	6	7
8	9	10	11	12	13	14
15	16	17	18	19	20	21
22	23	24	25	26	27	28
29	30	31				

① 5월 17일은 무슨 요일입니까?

⇨ _____

② 지난 달과 다음 달은 몇 월과 몇 월입니까?

⇨ _____

③ 올해가 2018년이라면 지난 해는 몇 년입니까?

⇨ _____

다음 보기 와 같이 대답을 쓰세요.

보기
무엇을 마셨어요? [차]
⇨ 차를 마셨어요.

① 무엇을 마셨어요? [주스]
⇨ _____

② 무엇을 마셨어요? [우유]
⇨ _____

③ 무엇을 마셨어요? [꿀]
⇨ _____

④ 무엇을 마셨어요? [물]
⇨ _____

⑤ 무엇을 마셨어요? [음료수]
⇨ _____

⑥ 무엇을 마셨어요? [커피]
⇨ _____

⑦ 무엇을 마셨어요? [홍차]
⇨ _____

⑧ 무엇을 마셨어요? [녹차]
⇨ _____

⑨ 무엇을 마셨어요? [맥주]
⇨ _____

⑩ 무엇을 마셨어요? [소주]
⇨ _____

다음을 보기 와 같이 알맞은 곳에 '아주'를 넣고, 다시 쓰세요.

보기
오랜 옛날.
⇨ 아주 오랜 옛날.

① 이자벨라 씨는 착해 보였습니다.
⇨ _____

② 이번 시험 문제는 쉬웠습니다.
⇨ _____

③ 딜런 씨는 노래를 잘 부릅니다.
⇨ _____

④ 규칙적인 운동은 건강에 좋습니다.
⇨ _____

⑤ 가까운 곳에서 까치가 울었습니다.
⇨ _____

⑥ 해나를 만나면 마음이 편했습니다.
⇨ _____

⑦ 자동차 소음이 심합니다.
⇨ _____

⑧ 그렇지, 잘했어.
⇨ _____

⑨ 그 아이가 똑똑합니다.
⇨ _____

⑩ 장미꽃이 아름답습니다.
⇨ _____

TIP '아주'는 '매우', '썩'이란 뜻의 부사로 움직임말(동사), 꾸미는 말(형용사, 부사) 앞에 와서 강조를 합니다.

다음 생일날에 대한 대화를 읽고, 암기하세요.

> 해나 어제는 제 생일이었어요.
> 조이 그래서 어떻게 지냈어요?
> 해나 저녁때 친구들이 찾아왔어요.
> 조이 누구와 누가 왔나요?
> 해나 조슈아와 앤드류가 왔어요.
> 조이 친구들과 무엇을 했어요?
> 해나 맥주를 마셨어요. 그리고 케이크도 먹었어요.

자주 배울 낱말
- 어제   - 제   - 생일이었어요[생일이어써요]
- 어떻게[어떠케]   - 저녁때   - 친구들이[친구드리]
- 찾아왔어요[차자와써요]   - 누가   - 맥주   - 그리고   - 케이크

TIP '생일'은 세상에 태어난 날. 또는 태어난 날을 기념하는 해마다의 그날을 가리킵니다.

다음 생일날에 대한 대화를 읽고, 문장을 따라 쓰세요.

어제는 제 생일이었어요.

그래서 어떻게 지냈어요?

저녁때 친구들이 찾아왔어요.

누구와 누가 왔나요?

조슈아와 앤드류가 왔어요.

친구들과 무엇을 했어요?

맥주를 마셨어요.

그리고 케이크도 먹었어요.

03 여가 생활 – 생일날에

다음 보기 와 같이 대답을 쓰세요.

> 보기
>
> 어제 아침에 무엇을 했어요? [공부, 하다]
> ⇨ 공부를 했어요.

① 주말에 무엇을 했어요? [숙제, 하다]
⇨ _____

② 일요일에 무엇을 했어요? [영화, 보다]
⇨ _____

③ 어제 무엇을 했어요? [도서관, 가다]
⇨ _____

④ 그제 무엇을 했어요? [삼촌 댁, 가다]
⇨ _____

⑤ 토요일에 무엇을 했어요? [친구, 만나다]
⇨ _____

⑥ 어제 무엇을 했어요? [박물관, 가다]
⇨ _____

⑦ 지난 주에 무엇을 했어요? [여행, 가다]
⇨ _____

⑧ 이번 주에 무엇을 했어요? [책, 읽다]
⇨ _____

⑨ 저번 주에 무엇을 했어요? [공원, 가다]
⇨ _____

⑩ 월요일에 무엇을 했어요? [학교, 가다]
⇨ _____

 TIP '~에'는 앞말이 장소이거나, 시간일 경우에 쓰이는 조사입니다.

다음 보기 와 같이 대답을 쓰세요.

보기
누구와 누가 왔나요? [조슈아, 앤드류]
⇨ 조슈아와 앤드류가 왔어요.

① 누구와 누가 왔나요? [제이콥, 메이슨]
⇨ _____

② 누구와 누가 왔나요? [노아, 윌리엄]
⇨ _____

③ 누구와 누가 왔나요? [마이클, 이썬]
⇨ _____

④ 누구와 누가 왔나요? [알렉젠더, 에이든]
⇨ _____

⑤ 누구와 누가 왔나요? [대니얼, 앤써니]
⇨ _____

⑥ 누구와 누가 왔나요? [매튜, 일라이자]
⇨ _____

⑦ 누구와 누가 왔나요? [조슈아, 리엄]
⇨ _____

⑧ 누구와 누가 왔나요? [로건, 제임스]
⇨ _____

⑨ 누구와 누가 왔나요? [데이비드, 벤자민]
⇨ _____

⑩ 누구와 누가 왔나요? [잭슨, 크리스토퍼]
⇨ _____

TIP '와'와 '과'는 여럿을 열거할 때 쓰는 말로 앞말이 받침이 있을 때는 '과'를 앞 말이 받침이 없을 때는 '와'를 씁니다.

다음 보기 와 같이 대답을 쓰세요.

보기
무엇을 했어요? [맥주]
⇨ 맥주를 마셨어요.

① 무엇을 했어요? [주스]
⇨ _____

② 무엇을 했어요? [공부]
⇨ _____

③ 무엇을 했어요? [책]
⇨ _____

④ 무엇을 했어요? [아르바이트]
⇨ _____

⑤ 무엇을 했어요? [게임]
⇨ _____

⑥ 무엇을 했어요? [잠]
⇨ _____

⑦ 무엇을 했어요? [구경]
⇨ _____

⑧ 무엇을 했어요? [음악]
⇨ _____

⑨ 무엇을 했어요? [그림]
⇨ _____

⑩ 무엇을 했어요? [친구]
⇨ _____

 TIP '을'과 '를'은 명사에 붙는 조사로, 앞말이 받침이 있을 때는 '을'을, 앞 말이 받침이 없을 때는 '를'을 씁니다.

다음 빈 곳에 알맞은 이어 주는 말을 보기 에서 찾아 넣고, 다시 쓰세요.

보기　그리고, 그래서, 그러나, 그런데

① 맥주를 마셨어요. (　　　) 케이크도 먹었어요.
⇨ _____

② 배가 많이 아팠어요. (　　　) 결석했어요.
⇨ _____

③ 그는 열심히 일했다. (　　　) 생활은 어려웠어요.
⇨ _____

④ 한국어에 관심이 많았다. (　　　) 한국어를 배우기 시작했어요.
⇨ _____

⑤ 문을 열 사람은 당신 (　　　) 나밖에 없어요.
⇨ _____

⑥ 비가 많이 오네요. (　　　) 왜 우산을 안 가져왔어요?
⇨ _____

⑦ 이제 오세요. (　　　) 어제 일은 어떻게 된 거요?
⇨ _____

⑧ 제시카는 자리에서 일어났다. (　　　) 창문을 열었다.
⇨ _____

⑨ 루카스는 숟가락을 들었다. (　　　) 밥은 반도 먹지 않았어요.
⇨ _____

⑩ 닭은 날개를 사용하지 않았다. (　　　) 닭은 날개가 퇴화했다.
⇨ _____

TIP　'그러나'는 앞의 내용과 뒤의 내용이 상반될 때 쓰는 이어 주는 말이고, '그런데'는 화제를 앞의 내용과 관련시키면서 다른 방향으로 이끌어 나갈 때 쓰는 말입니다.

다음 휴가에 대한 대화를 읽고, 암기하세요.

> 줄리안 내일부터 휴가인데 무엇을 하시겠어요?
>
> 라일리 저는 이번 여름에 울릉도에 갈 것입니다.
>
> 줄리안 울릉도에 누가 계세요?
>
> 라일리 제 친구가 살고 있습니다.
>
> 줄리안 친구를 만나면 무엇을 해요?
>
> 라일리 수영도 하고, 낚시도 하며 지낼 거예요.
>
> 줄리안 저도 친구를 만나고 싶어요.

| 자주 배울 낱말 | ○ 내일 | ○ 휴가 | ○ 이번 | ○ 여름 | ○ 울릉도 | ○ 누가 |
| | ○ 제 | ○ 친구 | ○ 수영 | ○ 낚시 | | |

TIP '휴가'는 직장·학교·군대 따위의 단체에서, 일정한 기간 동안 쉬는 일을 말합니다.

다음 휴가에 대한 대화를 읽고, 문장을 따라 쓰세요.

내일부터 휴가인데 무엇을 하시겠어요?
저는 이번 여름에 울릉도에 갈 것입니다.
울릉도에 누가 계세요?
제 친구가 살고 있습니다.
친구를 만나면 무엇을 해요?
수영도 하고, 낚시도 하며
지낼 거예요.
저도 친구를 만나고 싶어요.

다음을 보기 와 같이 고쳐 쓰세요.

보기
> 이번 여름에 울릉도에 갑니다.
> ⇨ 이번 여름에 울릉도에 갈 것입니다.

① 아침 열시에 제주도에 도착합니다.
⇨ _____

② 이번 여름에 수영을 배웁니다.
⇨ _____

③ 올해도 어김없이 봄은 옵니다.
⇨ _____

④ 올해 겨울에는 눈이 많이 옵니다.
⇨ _____

⑤ 저 만화책을 열 번도 더 읽었습니다.
⇨ _____

⑥ 에일리는 인기가 많습니다.
⇨ _____

⑦ 너무 놀다가 성적이 떨어집니다.
⇨ _____

⑧ 아까워서 연필을 쓰지 않습니다.
⇨ _____

⑨ 라면을 맛있게 먹습니다.
⇨ _____

⑩ 보리슨은 대문을 열어둡니다.
⇨ _____

TIP '~ㄹ 것입니다.'는 미리 일어날 일을 예측하는 말입니다.

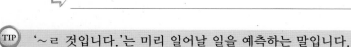

다음을 보기 와 같이 고쳐 쓰세요.

> 보기
> 제 친구가 삽니다.
> ⇨ 제 친구가 살고 있습니다.

① 제시카가 인형을 만듭니다.

⇨ _____

② 에일리가 책을 읽습니다.

⇨ _____

③ 어머니께서 꽃을 가꿉니다.

⇨ _____

④ 에릭이 서점에서 책을 삽니다.

⇨ _____

⑤ 샘이 공원에서 운동합니다.

⇨ _____

⑥ 강아지가 뒤에서 따라옵니다.

⇨ _____

⑦ 핼리가 꽃을 봅니다.

⇨ _____

⑧ 보라가 친구에게 선물을 줍니다.

⇨ _____

⑨ 나무를 심으려고 땅을 팝니다.

⇨ _____

⑩ 클로이 씨가 요리를 합니다.

⇨ _____

TIP '~고 있습니다.'는 현재 진행되고 있는 상태를 말합니다.

다음을 보기 와 같이 고쳐 쓰세요.

보기
낚시도 하며 지내다.
➯ 낚시도 하며 지낼 거예요.

① 공부도 하며 지내다.
➯ _____

② 일도 하며 지내다.
➯ _____

③ 춤도 추며 지내다.
➯ _____

④ 운동도 하며 지내다.
➯ _____

⑤ 산책도 하며 지내다.
➯ _____

⑥ 그림도 그리며 지내다.
➯ _____

⑦ 노래도 부르며 지내다.
➯ _____

⑧ 취미도 즐기며 지내다.
➯ _____

⑨ 요리도 하며 지내다.
➯ _____

⑩ 일도 하며 지내다.
➯ _____

TIP '~ 지내다.'를 '~ 지낼 거예요.'로 바꾸는 연습을 합니다.

다음을 보기 와 같이 고쳐 쓰세요.

보기
친구가 보고 싶다.
⇨ 친구가 보고 싶어요.

① 꽃을 가꾸고 싶다.
⇨ _____

② 강아지를 키우고 싶다.
⇨ _____

③ 책을 읽고 싶다.
⇨ _____

④ 책상을 사고 싶다.
⇨ _____

⑤ 바지를 세탁하고 싶다.
⇨ _____

⑥ 요리를 하고 싶다.
⇨ _____

⑦ 운동을 하고 싶다.
⇨ _____

⑧ 산책을 하고 싶다.
⇨ _____

⑨ 도서관에 가고 싶다.
⇨ _____

⑩ 한국어를 배우고 싶다.
⇨ _____

 TIP '〜 싶다.'와 '〜 싶어요.'는 같은 의미로 대화에 주로 쓰입니다.

다음 **초대**에 대한 대화를 읽고, 암기하세요.

소피아 토요일에 시간 있으세요?

레일라 네, 별로 할 일이 없어요.

소피아 그럼, 우리집에서 저녁 식사를 함께 할까요?

레일라 네, 몇 시에 갈까요?

소피아 저녁 6시 쯤 오세요.

레일라 그래요.
6시에 갈게요.
고맙습니다.

자주 배울 낱말					
○ 토요일	○ 시간	○ 일	○ 우리집	○ 저녁	○ 식사
○ 함께	○ 몇 시	○ 쯤	○ 고맙습니다		

TIP '초대'라 함은 '사람을 불러 대접함.'을 뜻하는 낱말입니다.

다음 초대에 대한 대화를 읽고, 문장을 따라 쓰세요.

토요일에 시간 있으세요?
네, 별로 할 일이 없어요.
그럼, 우리집에서 저녁 식사를 함께 할까요?
네, 몇 시에 갈까요?
저녁 6시 쯤 오세요.
그래요.
6시에 갈게요.
고맙습니다.

다음 보기 와 같이 대답을 쓰세요.

보기
몇 시에 갈까요? [8시]
⇨ 8시에 갑시다.

① 몇 시에 만날까요? [아침 9시]
⇨ _____

③ 몇 시에 저녁을 먹을까요? [저녁 7시]
⇨ _____

④ 몇 시에 공부할까요? [저녁 8시]
⇨ _____

⑤ 몇 시에 잠을 잘까요? [저녁 11시]
⇨ _____

⑥ 몇 시에 학교에서 볼까요? [아침 9시 30분]
⇨ _____

⑦ 몇 시에 운동할까요? [아침 6시]
⇨ _____

⑧ 몇 시에 산책할까요? [저녁 7시]
⇨ _____

⑨ 몇 시에 드라이브할까요? [오후 4시]
⇨ _____

⑩ 몇 시에 일어날까요? [아침 7시]
⇨ _____

⑪ 몇 시에 찾아뵐까요? [오후 3시]
⇨ _____

다음을 보기 와 같이 고쳐 쓰세요.

보기
> 몇 시에 모일까요?
> ⇨ 몇 시에 모이죠?

① 몇 시에 갈까요?

⇨ _____

② 몇 시에 만날까요?

⇨ _____

③ 몇 시에 저녁을 먹을까요?

⇨ _____

④ 몇 시에 공부할까요?

⇨ _____

⑤ 몇 시에 잠을 잘까요?

⇨ _____

⑥ 몇 시에 학교에서 볼까요?

⇨ _____

⑦ 몇 시에 운동할까요?

⇨ _____

⑧ 몇 시에 산책할까요?

⇨ _____

⑨ 몇 시에 드라이브할까요?

⇨ _____

⑩ 몇 시에 일어날까요?

⇨ _____

 '~ㄹ까요?'와 '~이죠?'는 같은 뜻이고 소리만 다른 말입니다.

다음 보기 와 같이 대답을 쓰세요.

> 보기
>
> 몇 시 쯤에 갈까요? [8시 쯤]
> ⇨ 8시 쯤에 갑시다.

① 몇 시 쯤에 만날까요? [아침 9시 쯤]

　⇨ _____

③ 몇 시 쯤에 저녁을 먹을까요? [저녁 7시 쯤]

　⇨ _____

④ 몇 시 쯤에 공부할까요? [저녁 8시 쯤]

　⇨ _____

⑤ 몇 시 쯤에 잠을 잘까요? [저녁 11시 쯤]

　⇨ _____

⑥ 몇 시 쯤에 학교에서 볼까요? [아침 9시 30분 쯤]

　⇨ _____

⑦ 몇 시 쯤에 운동할까요? [아침 6시 쯤]

　⇨ _____

⑧ 몇 시 쯤에 산책할까요? [저녁 7시 쯤]

　⇨ _____

⑨ 몇 시 쯤에 드라이브할까요? [오후 4시 쯤]

　⇨ _____

⑩ 몇 시 쯤에 일어날까요? [아침 7시 쯤]

　⇨ _____

⑪ 몇 시 쯤에 찾아뵐까요? [오후 3시 쯤]

　⇨ _____

다음 시각을 읽어 보세요.

한 시 십오 분

두 시 이십오 분

세 시 이십 분

네 시 삼십 분

다섯 시 십 분

여섯 시 이십이 분

일곱 시 삼십오 분

여덟 시 사십 분

아홉 시 사십오 분

열 시 오십 분

열한 시 이십 분

열두 시 삼십사 분

한 시 이십 분

두 시 삼십 분

세 시 사십 분

 TIP 시각을 몇 시 몇 분까지 알아봅시다.

다음 축구 구경에 대한 대화를 읽고, 암기하세요.

윌리엄	축구 좋아하세요?
릴리안	네, 참 좋아해요.
윌리엄	그럼, 오늘 축구 구경 갈까요?
릴리안	미안하지만 못 가요.
윌리엄	왜 못 가요?
릴리안	약속이 있어서 못 가요.
윌리엄	그럼 다음 토요일에 갈까요?
릴리안	네, 그러죠.

자주 배울 낱말	○축구	○참	○그럼	○오늘	○구경	○미안	○못
	○왜	○약속	○다음	○토요일			

TIP '축구'는 열한 명이 한 팀이 되어 공을 차서 상대편의 골에 넣음으로써 승부를 가르는 경기를 말합니다.

다음 축구 구경에 대한 대화를 읽고, 문장을 따라 쓰세요.

축구 좋아하세요?
네, 참 좋아하죠.
그럼, 오늘 축구 구경 갈까요?
미안하지만 못 가요.
왜 못 가요?
약속이 있어서 못 가요.
그럼 다음 토요일에 갈까요?
네, 그러죠.

다음 보기 와 같이 대답을 쓰세요.

> **보기**
>
> 축구 좋아하세요? [농구]
> ⇨ 네, 축구를 좋아해요.　　⇨ 아니오, 농구를 좋아해요.

① 농구 좋아하세요? [야구]

⇨ _____

⇨ _____

② 배구를 좋아하세요? [탁구]

⇨ _____

⇨ _____

③ 사과 좋아하세요? [배]

⇨ _____

⇨ _____

④ 라면 좋아하세요? [국수]

⇨ _____

⇨ _____

⑤ 바나나 좋아하세요? [파인애플]

⇨ _____

⇨ _____

⑥ 빈대떡 좋아하세요? [피자]

⇨ _____

⇨ _____

TIP 질문에 대한 대답 중 부정적인 대답과 긍정적인 대답을 하는 방법을 알아봅니다.

다음 보기와 같이 대답을 쓰세요.

오늘 축구 구경 갈까요?
⇨ 미안하지만 축구 구경 못 가요.

① 오늘 공원에 같이 갈까요?
⇨ _____

② 오늘 미술관에 같이 갈까요?
⇨ _____

③ 오늘 야구 같이 볼까요?
⇨ _____

④ 오늘 만날까요?
⇨ _____

⑤ 오늘 수영장에 갈까요?
⇨ _____

⑥ 오늘 식사 같이 할까요?
⇨ _____

⑦ 오늘 학교에 같이 갈까요?
⇨ _____

⑧ 오늘 꽃 구경 갈까요?
⇨ _____

⑨ 오늘 공을 찰까요?
⇨ _____

⑩ 오늘 친구 집에 갈까요?
⇨ _____

 TIP 질문에 대한 대답 중 부정적인 대답을 하기 위해서 사용하는 '못'의 위치를 알아보는 문제입니다.

다음 보기 와 같이 대답을 쓰세요.

보기
> 오늘 축구 구경 갈까요?
> ⇨ 그래요, 축구 구경 같이 가요.

① 오늘 공원에 갈까요?

⇨ _____

② 오늘 미술관에 갈까요?

⇨ _____

③ 오늘 야구 볼까요?

⇨ _____

④ 오늘 만날까요?

⇨ _____

⑤ 오늘 수영장에 갈까요?

⇨ _____

⑥ 오늘 식사 할까요?

⇨ _____

⑦ 오늘 학교에 갈까요?

⇨ _____

⑧ 오늘 꽃 구경 갈까요?

⇨ _____

⑨ 오늘 공을 찰까요?

⇨ _____

⑩ 오늘 친구 집에 갈까요?

⇨ _____

TIP 긍정적인 대답에 움직임말의 변화를 알아봅시다.

다음 **보기** 와 같이 대답을 쓰세요.

> **보기**   극장에 가요? [약속이 있다]
>   ⇨ 약속이 있어서 못 가요.

① 공책을 사요? [비싸다]

   ⇨ _____

② 미술관에 가요? [시간이 없다]

   ⇨ _____

③ 친구를 만나요? [바쁘다]

   ⇨ _____

④ 박물관에 가요? [바쁘다]

   ⇨ _____

⑤ 버스를 타요? [복잡하다]

   ⇨ _____

⑥ 야구를 해요? [비가 오다]

   ⇨ _____

⑦ 수영을 해요? [춥다]

   ⇨ _____

⑧ 옷을 사요? [비싸다]

   ⇨ _____

⑨ 한국어를 배워요? [어렵다]

   ⇨ _____

⑩ 배를 타요? [바람이 불다]

   ⇨ _____

TIP 질문에 대한 대답 중 부정적인 대답을 하기 위해서 사용하는 '못'의 위치를 알아보는 문제입니다.

다음 제주도 여행에 대한 글을 읽고, 암기하세요.

저는 지난 봄에 제주도에 다녀왔습니다.

제주도에 대한 이야기는 많이 들었지만 가 본 적이 한번도 없습니다.

제주도는 한국에서 가장 큰 섬으로, 들었던 것처럼 돌, 바람, 여자 세 가지가 많은 것 같습니다. 또한 제주도에는 한국에서 두 번째로 높은 한라산이 있습니다.

먼저 저는 한라산부터 올라갔습니다. 한라산에서 내려다 본 제주도는 유채꽃이 만발한 꽃섬처럼 보였습니다.

다음에 가게 되면 올레길을 한번 걸어볼 생각입니다.

자주 배울 낱말

○ 저 ○ 봄 ○ 제주도 ○ 이야기 ○ 가장 ○ 섬 ○ 돌 ○ 바람
○ 여자 ○ 한라산 ○ 유채꽃 ○ 만발 ○ 꽃섬 ○ 올레길 ○ 생각

TIP '올레'의 원뜻은 '집 대문에서 마을 길까지 이어지는 아주 좁은 골목'이란 뜻으로 제주도만의 독특한 길들을 엮어 만든 고유의 길이 제주 올레길입니다.
예) 다음에 가게 되면 올레길을 한번 걸어볼 생각입니다.
  *참고 : '한번'은 시도의 의미일 때는 붙여 씀.

다음 제주도 여행에 대한 글을 읽고, 문장을 따라 쓰세요.

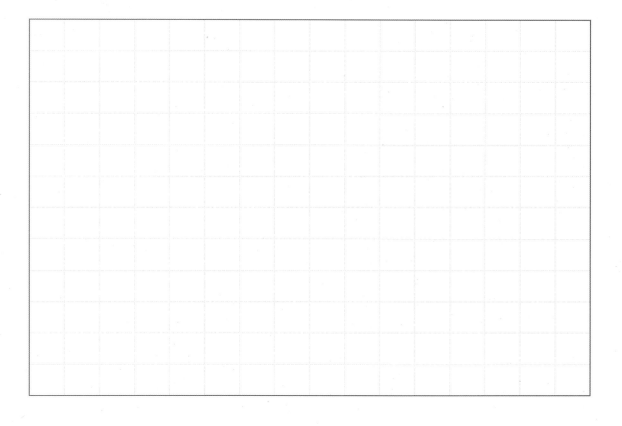

  저는 지난 봄에 제주도에 다녀왔습니다.
  제주도에 대한 이야기는 많이 들었지만 가
본 적이 한번도 없습니다.
  제주도는 한국에서 가장 큰 섬으로, 들었
던 것처럼 돌, 바람, 여자 세 가지가 많은
것 같습니다. 또한 제주도에는 한국에서
두 번째로 높은 한라산이 있습니다.
  먼저 저는 한라산부터 올라갔습니다. 한
라산에서 내려다 본 제주도는 유채꽃이 만발한 꽃섬처
럼 보였습니다.
  다음에 가게 되면 올레길을 한번 걸어볼 생각입니다.

다음을 보기 와 같이 고쳐 쓰세요.

보기
가 보다, 한 번도 없습니다.
⇨ 가 본 적이 한 번도 없습니다.

① 먹어 보다, 한 번도 없습니다,
⇨ _____

② 사람을 차별해 보다, 한 번도 없습니다,
⇨ _____

③ 한복을 입어 보다, 한 번도 없습니다,
⇨ _____

④ 싸움을 해 보다, 한 번도 없습니다,
⇨ _____

⑤ 사람을 만나 보다, 한 번도 없습니다,
⇨ _____

⑥ 산에 관심을 가져 보다, 한 번도 없습니다,
⇨ _____

⑦ 친구를 미워해 보다, 한 번도 없습니다,
⇨ _____

⑧ 사정을 해 보다, 한 번도 없습니다,
⇨ _____

⑨ 사업을 해 보다, 한 번도 없습니다,
⇨ _____

⑩ 친구를 불러 보다, 한 번도 없습니다,
⇨ _____

TIP '〜 적'은 그 동작이 진행되거나 그 상태가 나타나 있는 때, 또는 지나간 어떤 때를 말합니다.

다음 보기 와 같이 알맞은 곳에 '가장'을 넣고, 다시 쓰세요.

보기
한국에서 큰 섬이다.
⇨ 한국에서 가장 큰 섬이다.

① 산 중에 높은 산이다.
⇨ _____

② 병수가 우리 반에서 빠르다.
⇨ _____

③ 그 아이가 우리 반에서 공부를 잘 한다.
⇨ _____

④ 그 아이는 달리기를 잘 한다.
⇨ _____

⑤ 그녀가 힘들어하는 일은 자녀를 기르는 것이다.
⇨ _____

⑥ 그는 담배 연기를 싫어한다.
⇨ _____

⑦ 그는 지금 하는 일을 좋아한다.
⇨ _____

⑧ 김치는 그녀가 좋아하는 음식이다.
⇨ _____

⑨ 비만의 큰 원인은 과식이다.
⇨ _____

⑩ 요즘 서점에서 건강에 관한 책이 잘 팔린다.
⇨ _____

TIP '가장'은 '여럿 가운데 어느 것보다 정도가 높거나 세게'를 듯하며 형용사, 동사, 부사 앞
에 주로 옵니다.

07 여가 생활 – 제주도 여행

다음을 보기 와 같이 고쳐 쓰세요.

보기
> 한라산, 올라갔습니다.
> ⇨ 한라산부터 올라갔습니다.

① 숙제, 했습니다.
⇨ _____

② 그림, 그렸습니다.
⇨ _____

③ 일, 했습니다.
⇨ _____

④ 아침, 일했습니다.
⇨ _____

⑤ 월요일, 회사에 나갔습니다.
⇨ _____

⑥ 일기, 썼습니다.
⇨ _____

⑦ 꽃, 구경했습니다.
⇨ _____

⑧ 밥, 먹었습니다.
⇨ _____

⑨ 아기, 돌봐야 했습니다.
⇨ _____

⑩ 물, 마셔야 했습니다.
⇨ _____

TIP '~부터'는 어떤 일이나 상태 따위에 관련된 범위의 시작임을 나타내는 보조사입니다.

다음을 보기와 같이 고쳐 쓰세요.

> **보기**
> 유채꽃, 꽃섬, 보였습니다.
> ⇨ 유채꽃이 꽃섬처럼 보였습니다.

① 아빠, 호랑이, 무섭게 보였습니다.
  ⇨ _____

② 친구, 곰, 느립니다.
  ⇨ _____

③ 천사, 나비, 날아다닙니다.
  ⇨ _____

④ 키, 거인, 큽니다.
  ⇨ _____

⑤ 솜, 구름, 가볍습니다.
  ⇨ _____

⑥ 단풍잎, 손가락, 생겼습니다.
  ⇨ _____

⑦ 강아지, 인형, 귀엽습니다.
  ⇨ _____

⑧ 아기, 꽃, 예쁩니다.
  ⇨ _____

⑨ 바위, 사람, 서 있습니다.
  ⇨ _____

⑩ 하늘, 거울, 맑습니다.
  ⇨ _____

TIP '~처럼'은 모양이 서로 비슷하거나 같음을 나타낼 때 쓰는 조사입니다.

편리한 교통

다음 택시 타기에 대한 대화를 읽고, 암기하세요.

> 운전사 어서 오세요. 어디까지 가십니까?
>
> 애슐리 홍대역까지 가 주세요.
>
> 운전사 네, 알았습니다. 서두르지 마세요.
>
> 애슐리 어머, 왜 이 길로 가시죠?
>
> 직진해서 가야 하지 않나요?
>
> 운전사 조금 돌아가지만 이 길이 훨씬 덜 복잡해요.
>
> 애슐리 그래요. 시각 맞춰서 친구를 만나야 하는데요.
>
> 운전사 걱정마세요.
>
> 약속 시각 20분 전에 도착할 거예요.

자주 배울 낱말
- 오세요
- 운전사
- 어디까지
- 가십니까?[가심니까?]
- 역
- 네
- 어머
- 서두르지 마세요
- 가시죠?
- 훨씬
- 직진
- 시각
- 친구
- 걱정마세요
- 약속
- 도착

TIP '택시'는 요금을 받고 손님이 원하는 곳까지 태워다 주는 영업용 승용차를 말합니다.

다음 **택시 타기**에 대한 대화를 읽고, 문장을 따라 쓰세요.

어서 오세요. 어디까지 가십니까?
홍대역까지 가 주세요.
네, 알았습니다. 서두르지 마세요.
어머, 왜 이 길로 가시죠?
직진해서 가야 하지 않나요?
조금 돌아가지만 이 길이 훨씬 덜
복잡해요.
그래요. 시각 맞춰서 친구를 만나야 하는데요.
걱정마세요. 약속 시각 20분 전에 도착할 거예요.

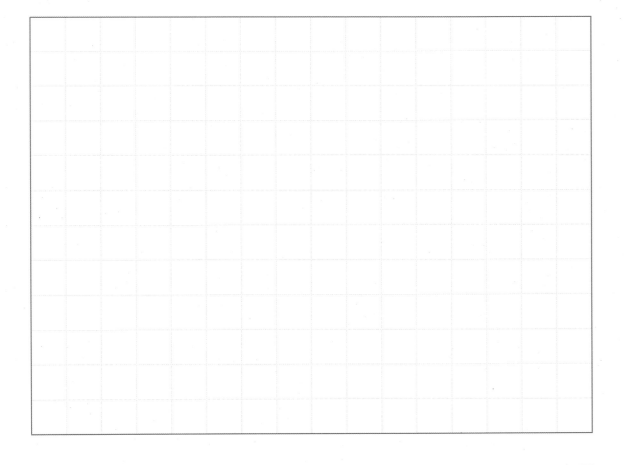

편리한 교통 – 택시 타기

다음 보기 와 같이 대답을 쓰세요.

> 보기
>
> 어디까지 가십니까? [홍대역]
> ⇨ 홍대역까지 가 주세요.

① 어디까지 가십니까? [부산]
⇨ _____

② 어디까지 가십니까? [서울]
⇨ _____

③ 어디까지 가십니까? [인천]
⇨ _____

④ 어디까지 가십니까? [대구]
⇨ _____

⑤ 어디까지 가십니까? [경주]
⇨ _____

⑥ 어디까지 가십니까? [부천]
⇨ _____

⑦ 어디까지 가십니까? [제주도]
⇨ _____

⑧ 어디까지 가십니까? [구미]
⇨ _____

⑨ 어디까지 가십니까? [안양]
⇨ _____

⑩ 어디까지 가십니까? [김포]
⇨ _____

TIP '~까지'는 어떤 일이나 상태 따위에 관련되는 범위의 끝임을 나타내는 조사입니다.

다음 알맞은 말에 ○표 하고, 보기 와 같이 다시 쓰세요.

보기

형이 나보다 나이가 (더, 덜) 먹었어요.
⇨ 형이 나보다 나이가 더 먹었어요.

① 겨울에는 바깥보다 안이 (더, 덜) 따뜻해요.
⇨ _____

② 요리에 소금을 (더, 덜) 넣었더니 싱거워요.
⇨ _____

③ 놀이터보다 시장이 (더, 덜) 복잡해요.
⇨ _____

④ 여러 사람이 도우면 (더, 덜) 힘들어요.
⇨ _____

⑤ 아침보다 밤이 (더, 덜) 어두워요.
⇨ _____

⑥ 밥을 (더, 덜) 먹었더니 배고파요.
⇨ _____

⑦ 햇빛을 받은 꽃이 (더, 덜) 잘 피었어요.
⇨ _____

⑧ 부채보다 선풍기가 (더, 덜) 시원해요.
⇨ _____

⑨ 거북이 토끼보다 (더, 덜) 빨라요.
⇨ _____

⑩ 고양이보다 호랑이가 (더, 덜) 커요.
⇨ _____

TIP '덜'은 '어떤 분량이나 정도에 다 차지 못하게'를 뜻하고, '더'는 '어떤 분량이나 정도 이상
으로'를 뜻합니다.

다음 보기 와 같이 알맞은 곳에 '훨씬'을 넣어 다시 쓰세요.

> 보기
>
> 나는 비 오는 것보다 눈 오는 것을 더 좋아합니다.
> ⇨ 나는 비 오는 것보다 눈 오는 것을 훨씬 더 좋아합니다.

① 산길은 올라가는 것보다 내려오는 것이 더 힘듭니다.

⇨ _____

② 마이클은 옛날보다 자신감에 차 있습니다.

⇨ _____

③ 영희보다 키가 큰 청년이 앞에 서 있습니다.

⇨ _____

④ 축구가 태권도보다 힘든 운동입니다.

⇨ _____

⑤ 매일 운동을 했더니 건강이 좋아졌습니다.

⇨ _____

⑥ 보통 사람들보다 군인은 딱딱해 보입니다.

⇨ _____

⑦ 청소하고 나면 기분이 좋아집니다.

⇨ _____

⑧ 이웃 가게가 우리 가게보다 돈을 잘 법니다.

⇨ _____

⑨ 그녀는 생각보다 힘이 셌습니다.

⇨ _____

⑩ 에일리는 제시카보다 한국어를 잘 합니다.

⇨ _____

> TIP '훨씬'은 '정도 이상으로 매우 많거나 적게'를 나타내는 부사로 동사, 형용사, 부사를 꾸미며 가장 적절한 꾸미는 곳에 위치합니다.

다음을 보기 와 같이 바르게 이어 쓰세요.

보기
것을 , 좋아합니다, 눈 오는
⇨ 눈 오는 것을 좋아합니다.

① 것이, 내려오는, 즐거웠습니다, 산길은

⇨ _____

② 자신감에, 이전보다, 있습니다, 차

⇨ _____

③ 서 있습니다, 길에, 청년이

⇨ _____

④ 축구는, 운동입니다, 힘든

⇨ _____

⑤ 건강이, 해서, 운동을, 좋아졌습니다.

⇨ _____

⑥ 멋진, 씩씩합니다, 군인들이

⇨ _____

⑦ 기분이, 청소하고, 좋아집니다, 나면

⇨ _____

⑧ 우리, 법니다, 잘, 가게는, 돈을

⇨ _____

⑨ 그녀는, 셌습니다, 힘이

⇨ _____

⑩ 합니다, 한국어를, 에일리는, 잘

⇨ _____

다음 지하철 타기에 대한 대화를 읽고, 암기하세요.

에일리   시간이 없으니 어서 갑시다.

제시카   지하철을 탈까요?

에일리   편하니까 택시를 탑시다.

제시카   지금은 시간이 없으니까 지하철을 타야 해요.
        지하철이 빠르고 좋거든요.

에일리   그래요, 택시 말고 지하철을 탑시다.

제시카   어디까지 가죠?

에일리   서울역까지 갑시다.

자주 배울 낱말

○ 시간   ○ 갑시다   ○ 지하철   ○ 탈까요?   ○ 택시   ○ 지금
○ 그래요   ○ 택시   ○ 어디까지   ○ 서울역

TIP '지하철'은 대도시에서 교통의 혼잡을 완화하고, 빠른 속도로 운행하기 위하여 땅속에 터널을 파고 부설한 철도입니다.

다음 지하철 타기에 대한 대화를 읽고, 문장을 따라 쓰세요.

시간이 없으니 어서 갑시다.
지하철을 탈까요?
편하니까 택시를 탑시다.
지금은 시간이 없으니까
지하철을 타야 해요.
지하철이 빠르고 좋거든요.
그래요, 택시 말고 지하철을 탑시다.
어디까지 가죠?
서울역까지 갑시다.

다음을 보기 와 같이 고쳐 쓰세요.

보기
> 시간, 어서 갑시다.
> ⇨ 시간이 없으니 어서 갑시다.

① 차, 걸어갈 수밖에 없습니다.
  ⇨ _____

② 손에 쥔 게, 아무것도 할 수가 없습니다.
  ⇨ _____

③ 시간, 핵심만 말하십시오.
  ⇨ _____

④ 할 일, 심심합니다.
  ⇨ _____

⑤ 샅바, 씨름을 할 수가 없습니다.
  ⇨ _____

⑥ 돈, 어느 것도 살 수가 없습니다.
  ⇨ _____

⑦ 다른 뜻, 오해는 하지 마십시오.
  ⇨ _____

⑧ 반찬, 밥만이라도 먹어야겠습니다.
  ⇨ _____

⑨ 시간, 어서 빨리 다녀오세요.
  ⇨ _____

⑩ 다른 방법, 어쩔 수 없습니다.
  ⇨ _____

TIP '없으니'의 앞에는 원인의 문장이 나오고, 뒤에는 그 원인에 의해서 생기는 결과가 나옵니다.

다음을 와 같이 고쳐 쓰세요.

열심히 공부합니다.
⇨ 열심히 공부합시다.

① 준비는 되도록 간단히 합니다.
⇨ _____

② 복잡한 계산은 계산기로 합니다.
⇨ _____

③ 그편에 주차장을 만들기로 합니다.
⇨ _____

④ 경비는 우리가 부담합니다.
⇨ _____

⑤ 공손히 절을 합니다.
⇨ _____

⑥ 독감을 조심합니다.
⇨ _____

⑦ 위험하니까 수술합니다.
⇨ _____

⑧ 문서는 확실히 합니다.
⇨ _____

⑨ 낡은 시설을 새로 정비합니다.
⇨ _____

⑩ 좋은 것을 선택합니다.
⇨ _____

 '평서문'을 권유형 '합시다.'로 문장을 고치는 방법을 배웁니다.

다음 보기와 같이 '~니까'를 넣어 문장을 고쳐 쓰세요.

보기
> 편하다, 택시를 탄다.
> ⇨ 편하니까 택시를 탄다.

① 비가 오다, 집에 간다.
⇨ _____

② 길이 복잡하다, 지하철을 탄다.
⇨ _____

③ 이야기해야 하다, 조용히 한다.
⇨ _____

④ 질서가 있어야 하다, 규칙을 만든다.
⇨ _____

⑤ 영화가 재미있다, 영화를 본다.
⇨ _____

⑥ 여럿이 일을 하다, 금방 끝난다.
⇨ _____

⑦ 큰소리 하다, 얼른 일을 한다.
⇨ _____

⑧ 재촉을 하다, 빨리 한다.
⇨ _____

⑨ 시간이 없다, 택시를 탄다.
⇨ _____

⑩ 맛있다, 빨리 먹는다.
⇨ _____

 TIP '~니까'는 원인이 앞에 오고, 뒷 글에 원인에 의한 결과가 옵니다.

다음 보기 와 같이 '~말고'를 넣어 문장을 고쳐 쓰세요.

> 보기
>
> 택시, 지하철을 탑니다.
> ⇨ 택시 말고 지하철을 탑니다.

① 말, 소를 삽니다.

⇨ _____

② 동생, 친구를 부릅니다.

⇨ _____

③ 사탕, 과자를 줍니다.

⇨ _____

④ 물, 우유를 먹습니다.

⇨ _____

⑤ 질문, 대답을 합니다.

⇨ _____

⑥ 춤, 노래합니다.

⇨ _____

⑦ 이것, 딴것을 줍니다.

⇨ _____

⑧ 이것, 저것을 줍니다.

⇨ _____

⑨ 설탕, 꿀을 먹습니다.

⇨ _____

⑩ 사과, 배를 삽니다.

⇨ _____

 TIP '~ 말고'는 앞의 내용을 부정하고, 뒷 내용을 선택하는 문장이 나옵니다.

03 편리한 교통 – 버스 타기

다음 버스 타기에 대한 대화를 읽고, 암기하세요.

에이바	김 선생님을 만나러 갑시다.
오브리	그럼, 버스 정류장으로 가야 해요.
에이바	버스표를 두 장 사야 합니다.
오브리	버스표를 두 장 샀어요.
에이바	버스가 왔습니다.
오브리	시간이 없으니 빨리 타야 해요.
에이바	문화대 입구에서 내려야 합니다.

자주 배울 낱말
○ 선생님   ○ 그럼   ○ 버스   ○ 정류장   ○ 버스표   ○ 장
○ 빨리   ○ 입구   ○ 합니다

TIP '버스'는 운임을 받고 일정한 노선을 운행하는 대형의 합승 자동차를 말합니다.

다음 버스 타기에 대한 대화를 읽고, 문장을 따라 쓰세요.

김 선생님을 만나러 갑시다.

그럼, 버스 정류장으로 가야 해요.

버스표를 두 장 사야 합니다.

버스표를 두 장 샀어요.

버스가 왔습니다.

시간이 없으니 빨리 타야 해요.

문화대 입구에서 내려야 합니다.

03 편리한 교통 – 버스 타기

다음을 보기 와 같이 알맞은 곳에 '빨리'를 넣고, 문장을 다시 쓰세요.

보기
시간이 없으니 타야 해요.
⇨ 시간이 없으니 빨리 타야 해요.

① 늦을 수 있으니 걸어야 해요.
⇨ _____

② 어두워질 수 있으니 일을 끝내야 해요.
⇨ _____

③ 늦잠 잘 수 있으니 자야 해요.
⇨ _____

④ 죽을 수 있으니 병원에 가야 해요.
⇨ _____

⑤ 시간이 가니 준비해야 해요.
⇨ _____

⑥ 친구가 갈 수 있으니 가 봐야 해요.
⇨ _____

⑦ 버스가 떠날 수 있으니 버스표를 사야 해요.
⇨ _____

⑧ 무서우니 그곳을 벗어나야 해요.
⇨ _____

⑨ 시간이 없으니 달려야 해요.
⇨ _____

⑩ 이 기쁜 소식을 알려야 해요.
⇨ _____

TIP '빨리'는 '걸리는 시간이 짧게'라는 뜻으로 부사이며 움직임말, 모양말, 부사 등의 앞에 와서 꾸밉니다.

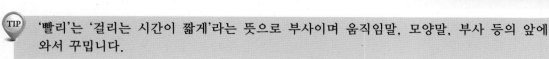

다음 보기 와 같이 '로'나 '으로'를 넣고 문장을 다시 쓰세요.

> 보기
>
> 하늘, 날아가야 해요.
> ⇨ 하늘로 날아가야 해요.

① 버스 정류장, 가야 해요.
   ⇨ _____

② 문화대 입구, 가야 해요.
   ⇨ _____

③ 경마장, 모여야 해요.
   ⇨ _____

④ 학교, 가야 해요.
   ⇨ _____

⑤ 축구장, 가야 해요.
   ⇨ _____

⑥ 교실, 달려가야 해요.
   ⇨ _____

⑦ 연못, 구경 가야 해요.
   ⇨ _____

⑧ 산, 올라가야 해요.
   ⇨ _____

⑨ 숲속, 걸어가야 해요.
   ⇨ _____

⑩ 공원, 가야 해요.
   ⇨ _____

TIP '~로'는 움직임의 방향을 나타내는 조사입니다.

다음을 보기 와 같이 알맞은 곳에 '에서'를 넣고, 다시 쓰세요.

보기
> 문화대 입구, 내려야 합니다.
> ⇨ 문화대 입구에서 내려야 합니다.

① 식당, 밥을 먹습니다.
  ⇨ _____

② 도서관, 만나야 합니다.
  ⇨ _____

③ 이 물건은 시장, 사 왔습니다.
  ⇨ _____

④ 서울, 몇 시에 출발할 예정입니까?
  ⇨ _____

⑤ 제시카가 회사, 돈을 벌었습니다.
  ⇨ _____

⑥ 친구들이 교실, 공부를 합니다.
  ⇨ _____

⑦ 아이들이 공원, 공놀이를 합니다.
  ⇨ _____

⑧ 잠자리가 하늘, 날아다닙니다.
  ⇨ _____

⑨ 지하철 역, 표를 삽니다.
  ⇨ _____

⑩ 수영장, 수영을 합니다.
  ⇨ _____

TIP '~에서'의 말 앞에는 장소가 나오며 행동이 이루어지는 장소임을 나타냅니다.

다음 보기 에서 세는 말을 찾아 빈 곳에 써 넣고, 문장을 다시 쓰세요.

보기   장, 권, 자루, 컵, 살, 척, 대, 줄, 송이, 포기, 톨

① 버스표를 두 (   )을 사야 합니다.
  ⇨ _____

② 밤 다섯 (   )을 친구와 나누어 먹었습니다.
  ⇨ _____

③ 배추 열 (   )를 시장에서 샀습니다.
  ⇨ _____

④ 계란 세 (   )은 30개입니다.
  ⇨ _____

⑤ 배 세 (   )이 항해를 합니다.
  ⇨ _____

⑥ 우유 두 (   )을 마셨습니다.
  ⇨ _____

⑦ 서점에서 책 두 (   )을 샀습니다.
  ⇨ _____

⑧ 문구점에서 연필 네 (   )를 샀습니다.
  ⇨ _____

⑨ 내 나이가 스물세 (   )입니다.
  ⇨ _____

⑩ 자동차 한 (   )를 구입했습니다.
  ⇨ _____

 한국어는 사물에 따라 세는 단위가 다양하게 있습니다.

다음 공항에서의 대화를 읽고, 암기하세요.

카밀라 서울에서 부산까지 가는 비행기표를 예매하고 싶은데요.

직원 출발하실 날짜와 시각을 말씀해 주십시오.

카밀라 13일 오전 10시예요.

직원 왕복으로 예매하실 겁니까?

카밀라 네, 돌아오는 비행기는 15일 오후 3시로 해 주세요.

직원 성함과 연락처를 주시겠습니까?

카밀라 존 카밀라고요.
연락처는 010-8985-0000이에요.

자주 배울 낱말	○ 서울	○ 부산	○ 비행기표	○ 예매	○ 출발	○ 날짜
	○ 시각을[시가글]		○ 오전	○ 왕복	○ 비행기	
	○ 오후		○ 성함	○ 연락처		

TIP '공항'은 사람과 짐을 나르는 비행기가 뜨고 내리는 시설을 갖춘 공공용 비행장을 말합니다.

다음 공항에서의 대화를 읽고, 문장을 따라 쓰세요.

서울에서 부산까지 가는 비행기
표를 예매하고 싶은데요.
**출발하실 날짜와 시각을 말씀해
주십시오.**

13일 오전 10시예요.
왕복으로 예매하실 겁니까?

네, 돌아오는 비행기는 15일 오후 3시로 해 주세요.
성함과 연락처를 주시겠습니까?

존 카밀라고요. 연락처는 010-8985-0000이에요.

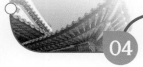

다음을 보기 와 같이 고쳐 쓰세요.

보기
서울에서 부산까지 가다. 비행기 표를 예매하고 싶다.
⇨ 서울에서 부산까지 가는 비행기 표를 예매하고 싶다.

---

① 텔레비전을 보다, 아버지께서 놀라셨다.
⇨ _____

② 밥을 먹다. 강아지가 꼬리를 친다.
⇨ _____

③ 라면을 끓이다. 어머니께서 스프를 넣으셨다.
⇨ _____

④ 잠을 자다. 친구가 누구예요?
⇨ _____

⑤ 이야기를 듣다, 사람은 사만다예요.
⇨ _____

⑥ 지금 만나다, 사람은 샘이에요.
⇨ _____

⑦ 노래 부르다, 사람은 민철입니다.
⇨ _____

⑧ 이 집에 살다, 사람이 집을 지었어요.
⇨ _____

⑨ 수레를 밀다, 사람이 고맙다.
⇨ _____

⑩ 선물을 주다, 에릭도 기뻐했습니다.
⇨ _____

TIP 동사를 '~(으)ㄴ'으로 바꾸면 꼭 일정하게 바뀌지 않고, 예외가 있습니다.
예 보다(본), 읽다(읽은)

다음 알맞은 말에 ○표 하고, 보기 와 같이 다시 쓰세요.

보기
출발하실 날짜(과, (와)) 시각을 말씀해 주십시오.
⇨ 출발하실 날짜와 시각을 말씀해 주십시오.

① 성함(과, 와) 연락처를 주시겠습니까?
⇨ _____

② 사과(과, 와) 배는 과일이다.
⇨ _____

③ 토끼(과, 와) 강아지는 짐승이다.
⇨ _____

④ 수박(과, 와) 참외는 과일입니다.
⇨ _____

⑤ 바지(과, 와) 셔츠는 옷이에요.
⇨ _____

⑥ 비둘기(과, 와) 참새는 새랍니다.
⇨ _____

⑦ 텔레비전(과, 와) 오디오는 전자제품입니다.
⇨ _____

⑧ 그릇(과, 와) 접시는 주방 도구예요.
⇨ _____

⑨ 주스(과, 와) 우유는 음료수랍니다.
⇨ _____

⑩ 풀(과, 와) 나무는 산에 많습니다.
⇨ _____

 '~과, ~와'는 앞 말에 받침이 오면 '~과'를 쓰고, 앞 말에 받침이 없으면 '~와'를 씁니다.

다음 알맞은 말에 ○표 하고, 보기 와 같이 다시 쓰세요.

보기
날짜와 시각((을, 를) 말씀해 주십시오.
⇨ 날짜와 시각을 말씀해 주십시오.

① 성함과 연락처(을, 를) 주시겠습니까?
⇨ _____

② 할아버지께서 신문(을, 를) 보고 계십니다.
⇨ _____

③ 독수리가 하늘(을, 를) 날고 있습니다.
⇨ _____

④ 나는 사과(을, 를) 무척 좋아합니다.
⇨ _____

⑤ 수박(을, 를) 잘라 드릴까요?
⇨ _____

⑥ 영화 구경(을, 를) 가십시다.
⇨ _____

⑦ 바다에서 조개잡이(을, 를)하는 어부입니다.
⇨ _____

⑧ 어항에 금붕어(을, 를) 넣었습니다.
⇨ _____

⑨ 아버지께서 용돈(을, 를) 주셨습니다.
⇨ _____

⑩ 어머니께 편지(을, 를) 썼습니다.
⇨ _____

TIP '~를, ~을'은 앞 말에 받침이 오면 '~을'을 쓰고, 앞 말에 받침이 없으면 '~를'을 씁니다.

다음을 보기 와 같이 고쳐 쓰세요.

보기
서울, 부산까지 가다.
⇨ 서울에서 부산까지 가다.

① 집, 잠을 잔다.
⇨ _____

② 대학교, 공부한다.
⇨ _____

③ 한국, 공부를 한다.
⇨ _____

④ 종로, 친구들을 만났어요.
⇨ _____

⑤ 서울, 태어났습니다.
⇨ _____

⑥ 공원, 산책을 한다.
⇨ _____

⑦ 고향, 편지가 왔다.
⇨ _____

⑧ 방, 나왔습니다.
⇨ _____

⑨ 외국, 공부를 마치고 돌아왔다.
⇨ _____

⑩ 회사, 밤늦게까지 일을 했습니다.
⇨ _____

 TIP '~에서'는 어떤 사물의 움직이고 있는 장소를 나타낼 때 사용하며, 어떤 움직임의 출발점을 나타내기도 합니다.

제
3
장

생활과 문화

다음 날씨에 대한 대화를 읽고, 암기하세요.

톰슨	어, 빗방울이 떨어지네.
찰스	소나기가 오려나 봐.
톰슨	하늘이 어두워지는데.
찰스	오늘 비가 온다고 했니?
톰슨	아니, 나 우산이 없는데 어떻게 하지?
찰스	집으로 빨리 가야겠어.
톰슨	그래, 이런 날은 집에 있는 게 최고야.
찰스	나도 가야겠다. 안녕.

자주 배울 낱말

○ 빗방울[비빵울]　○ 소나기　○ 하늘이[하느리]　○ 오늘

○ 비　○ 우산이[우사니]　○ 집　○ 빨리　○ 최고

TIP '날씨'란 그날의 기상 상태 또는 일기를 말합니다.

다음 날씨에 대한 대화를 읽고, 문장을 따라 쓰세요.

어, 빗방울이 떨어지네.
소나기가 오려나 봐.
하늘이 어두워지는데.
오늘 비가 온다고 했니?
아니, 나 우산이 없는데
어떻게 하지?
집으로 빨리 가야겠어.
그래, 이런 날은 집에 있는 게 최고야.
나도 가야겠다. 안녕.

다음 알맞은 말에 ○표 하고, 보기 와 같이 다시 쓰세요.

> 보기
>
> 빗방울(ⓘ, 가) 떨어지네.
> ⇨ 빗방울이 떨어지네.

① 소나기(이, 가) 오려나 봐.
⇨ _____

② 하늘(이, 가) 어두워지는데.
⇨ _____

③ 비(이, 가) 온다고 했니?
⇨ _____

④ 우산(이, 가) 없는데 어떻게 하지?
⇨ _____

⑤ 바람(이, 가) 세게 부네.
⇨ _____

⑥ 눈(이, 가) 오려나 봐.
⇨ _____

⑦ 해(이, 가) 쨍쨍 떴네.
⇨ _____

⑧ 날씨(이, 가) 춥다고 했어.
⇨ _____

⑨ 기온(이, 가) 32도 쯤 될 거야.
⇨ _____

⑩ 날씨(이, 가) 따뜻한대.
⇨ _____

> TIP '~이' 앞에는 받침이 있는 글자가 오고, '~가' 앞에는 받침이 없는 글자가 옵니다.

다음을 보기 와 같이 고쳐 쓰세요.

> 보기
>
> 빗방울이 떨어집니다.
> ⇨ 빗방울이 떨어지네.

① 구름이 많이 생깁니다.

⇨ _____

② 소나기가 떨어집니다.

⇨ _____

③ 하늘이 어두워집니다.

⇨ _____

④ 날씨가 추워집니다.

⇨ _____

⑤ 우산이 없습니다.

⇨ _____

⑥ 날씨가 따뜻합니다.

⇨ _____

⑦ 눈이 옵니다.

⇨ _____

⑧ 바람이 붑니다.

⇨ _____

⑨ 하늘이 깜깜합니다.

⇨ _____

⑩ 비가 갭니다.

⇨ _____

 TIP   '~니다.'와 '~지네.'는 의미가 같습니다.

다음을 보기 와 같이 고쳐 쓰세요.

보기
소나기가 옵니다.
⇨ 소나기가 오려나 봐.

① 구름이 생기다.
⇨ _____

② 비가 옵니다.
⇨ _____

③ 바람이 붑니다.
⇨ _____

④ 날씨가 추워지다.
⇨ _____

⑤ 꽃이 핍니다.
⇨ _____

⑥ 날씨가 따뜻하다.
⇨ _____

⑦ 눈이 옵니다.
⇨ _____

⑧ 비가 갭니다.
⇨ _____

⑨ 구름이 낍니다.
⇨ _____

⑩ 해가 뜹니다.
⇨ _____

 TIP '~니다.'와 '~려나 봐.'는 의미가 같으나 '~니다.'는 결과가 있는 상태고, '~려나 봐.'는 앞으로 일어날 일을 예측하는 대화체가 됩니다.

다음을 보기와 같이 고쳐 쓰세요.

> 보기
>
> 비가 온다.
> ⇨ 비가 온다고 했니?

① 해가 뜬다.
　⇨ _____

② 바람이 분다.
　⇨ _____

③ 구름이 낀다.
　⇨ _____

④ 날씨가 춥다.
　⇨ _____

⑤ 비가 갠다.
　⇨ _____

⑥ 눈이 온다.
　⇨ _____

⑦ 해가 진다.
　⇨ _____

⑧ 꽃이 핀다.
　⇨ _____

⑨ 파도가 친다.
　⇨ _____

⑩ 폭풍이 분다.
　⇨ _____

 TIP 풀이하는 문장을 '~다고 했니?'라는 친구나 아랫사람에게 묻는 문장으로 바꾸는 문제입니다.

다음 전화하기에 대한 대화를 읽고, 암기하세요.

마이클 여보세요?
거기 정 선생님 댁입니까?

아주머니 네, 그렇습니다.
실례지만 누구세요?

마이클 저는 마이클입니다.
정 선생님의 제자입니다.
선생님 계십니까?

아주머니 아니오,
지금 안 계십니다.

마이클 그래요.
다음에 다시
전화하겠습니다.
안녕히 계십시오.

자주 배울 낱말
○ 선생님 ○ 댁 ○ 네 ○ 그렇습니다 ○ 실례지만 ○ 전화
○ 제자 ○ 지금 ○ 안 ○ 그래요 ○ 다음에 ○ 다시

TIP 전화를 걸 때에는 용건을 미리 정리하여 되도록 짧게 통화를 끝낼 수 있도록 하고, 대화는 부드럽고 명확하고 안정된 음성으로 하며, 말하고 나면 정중하게 인사하고 전화를 끊어야 합니다.

다음 전화하기에 대한 대화를 읽고, 문장을 따라 쓰세요.

여보세요?
거기 정 선생님 댁입니까?
네, 그렇습니다.
실례지만 누구세요?
저는 마이클입니다. 정 선생님의 제자입니다.
선생님 계십니까?
아니오, 지금 안 계십니다.
그래요. 다음에 다시 전화하겠습니다.
안녕히 계십시오.

다음 알맞은 말에 ○표 하고, 보기 와 같이 고쳐 쓰세요.

> 보기
> 거기 정 선생님 (댁, 집)입니까?
> ⇨ 거기 정 선생님 댁입니까?

① (나, 저)는 마이클입니다.

⇨ _____

② 선생님께서 (말씀, 말)하셨습니다.

⇨ _____

③ 작은아버지께서 (밥, 진지)를 드십니다.

⇨ _____

④ 아버지께서 (주무십니다, 잡니다).

⇨ _____

⑤ 선생님, (있습니까? 계십니까?)

⇨ _____

⑥ 할머니의 (생신, 생일)을 축하드립니다.

⇨ _____

⑦ 어머니의 (나이, 연세)는 55세입니다.

⇨ _____

⑧ 선생님(께서, 이) 진지를 드십니다.

⇨ _____

⑨ 삼촌이 (병, 병환)으로 누워계십니다.

⇨ _____

⑩ 저는 할머니 (집, 댁)으로 갑니다.

⇨ _____

> TIP 예사말과 존대말을 정확히 알고 구분하여 대화할 줄 알아야 합니다.

다음을 보기 와 같이 고쳐 쓰세요.

정 선생님, 제자
⇨ 정 선생님의 제자입니다.

① 클로이, 가방

⇨ _____

② 윌리엄, 공책

⇨ _____

③ 해나, 수건

⇨ _____

④ 대니얼, 구두

⇨ _____

⑤ 줄리안, 꽃

⇨ _____

⑥ 알리사, 시계

⇨ _____

⑦ 타일러, 옷

⇨ _____

⑧ 아버지, 넥타이

⇨ _____

⑨ 할아버지, 안경

⇨ _____

⑩ 조이, 지갑

⇨ _____

 TIP '~의'는 소유·소속을 나타낼 때 사용합니다.

다음 보기 와 같이 '아니오'를 넣어 대답을 쓰세요.

> 보기
> 공부를 합니까?
> ⇨ 아니오, 공부를 안 합니다.

① 책을 읽습니까?
⇨ _____

② 밥을 먹습니까?
⇨ _____

③ 비가 옵니까?
⇨ _____

④ 날씨가 좋습니까?
⇨ _____

⑤ 등산을 합니까?
⇨ _____

⑥ 차를 마십니까?
⇨ _____

⑦ 산을 오릅니까?
⇨ _____

⑧ 운동을 합니까?
⇨ _____

⑨ 친구를 만납니까?
⇨ _____

⑩ 한국어를 가르칩니까?
⇨ _____

> TIP '아니오'에 대한 적절한 대답을 써 보는 문제입니다.

다음 보기 와 같이 대답을 쓰세요.

보기
> 공부를 합니까?
> ⇨ 공부를 합니다.

① 책을 읽습니까?
⇨ _____

② 밥을 먹습니까?
⇨ _____

③ 비가 옵니까?
⇨ _____

④ 날씨가 좋습니까?
⇨ _____

⑤ 등산을 합니까?
⇨ _____

⑥ 차를 마십니까?
⇨ _____

⑦ 산을 오릅니까?
⇨ _____

⑧ 운동을 시작합니까?
⇨ _____

⑨ 친구를 만납니까?
⇨ _____

⑩ 한국어를 가르칩니까?
⇨ _____

다음 고향에 대한 대화를 읽고, 암기하세요.

> 김소라 고향이 어디예요?
>
> 조너썬 제 고향은 태국 푸켓이에요.
> 　　　　신혼 여행지로 가장 유명한 곳이에요.
>
> 김소라 한국 사람도 신혼 여행을 많이 가지요.
>
> 조너썬 푸켓은 해변이 아름답고, 경치가 좋아요.
>
> 김소라 푸른 바다를 즐길 수 있다니 너무 좋아요.
>
> 조너썬 그래서 늘 고향 생각이 나죠.
>
> 김소라 푸켓에 간다면 정말 즐거울 것 같아요.

자주 배울 낱말

○ 고향　　○ 어디세요?　　○ 신혼 여행지　　○ 가장
○ 곳이에요[고시에요]　　○ 사람　　○ 해변　　○ 경치　　○ 바다
○ 너무　　○ 늘　　○ 정말　　○ 같아요[가타요]

TIP '고향'은 자기가 태어나서 자라난 곳입니다.

다음 고향에 대한 대화를 읽고, 문장을 따라 쓰세요.

고향이 어디예요?
제 고향은 태국 푸켓이에요.
신혼 여행지로 가장 유명한 곳이에요.
한국 사람도 신혼 여행을
많이 가지요.
푸켓은 해변이 아름답고,
경치가 좋아요.
푸른 바다를 즐길 수 있다니 너무 좋아요.
그래서 늘 고향 생각이 나죠.
푸켓에 간다면 정말 즐거울 것 같아요.

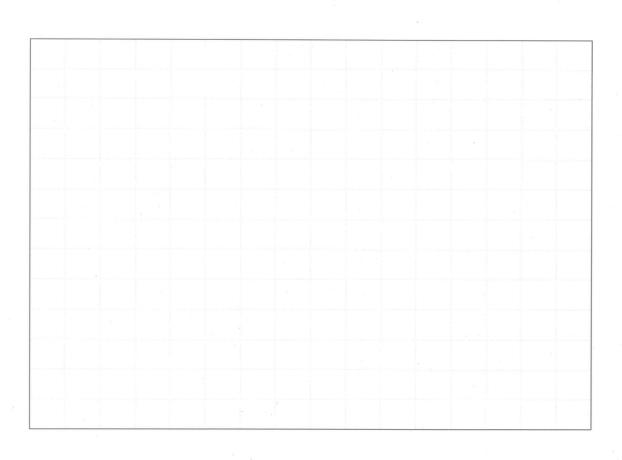

다음 보기 와 같이 대답을 쓰세요.

보기
고향이 어디예요? [태국 푸켓]
⇨ 제 고향은 태국 푸켓이에요.

① 고향이 어디예요? [미국 뉴욕]

⇨ _____

② 고향이 어디예요? [중국 길림성]

⇨ _____

③ 고향이 어디예요? [필리핀 보라카이]

⇨ _____

④ 고향이 어디예요? [영국 런던]

⇨ _____

⑤ 고향이 어디예요? [프랑스 파리]

⇨ _____

⑥ 고향이 어디예요? [사이판]

⇨ _____

⑦ 고향이 어디예요? [일본 도쿄]

⇨ _____

⑧ 고향이 어디예요? [태국 치앙마이]

⇨ _____

⑨ 고향이 어디예요? [몽골 울란바타르]

⇨ _____

⑩ 고향이 어디예요? [미국 워싱턴]

⇨ _____

다음을 보기 와 같이 고쳐 쓰세요.

> 보기
> 바다를 즐기다, 너무 좋아요.
> ⇨ 바다를 즐길 수 있다니 너무 좋아요.

① 좋은 기분을 유지하다, 너무 좋아요.

ⓐ _____

② 택시가 열 명이나 태운다, 매우 놀라워요.

ⓐ _____

③ 그가 살아 있다, 정말 기뻐요.

ⓐ _____

④ 친구가 와 있다, 매우 기뻐요.

ⓐ _____

⑤ 가솔린을 생산한다, 얼마나 부러워요.

ⓐ _____

⑥ 누구든지 한다, 별것 아니네요.

ⓐ _____

⑦ 그럴 수가 있다, 정말 섭섭해요.

ⓐ _____

⑧ 아이디어를 빌린다, 아주 재미있네요.

ⓐ _____

⑨ 얼마든지 참는다, 정말 대단해요.

ⓐ _____

⑩ 무거운 것을 들다, 매우 힘이 세네요.

ⓐ _____

TIP '~다니'는 동사나 꾸미는 말에 붙어 이상하거나 의심되는 점을 되짚어 물을 때 쓰이는 말니다.

03 생활과 문화 – 고향이 어디에요?

다음을 보기 와 같이 알맞은 곳에 '가장'을 넣고, 문장을 다시 쓰세요.

보기
신혼 여행지로 유명한 곳이에요.
⇨ 신혼 여행지로 가장 유명한 곳이에요.

① 한국에서 높은 산은 백두산이에요.
⇨ _____

② 제시카가 우리 반에서 빨라요.
⇨ _____

③ 할머니께서는 저를 사랑하셨어요.
⇨ _____

④ 술은 알맞을 때 끊어야 해요.
⇨ _____

⑤ 에일리가 우리 반에서 공부를 잘 해요.
⇨ _____

⑥ 힘들어하는 일은 아이를 키우는 일이에요.
⇨ _____

⑦ 유명한 철학자가 되는 것이 꿈이에요.
⇨ _____

⑧ 알렉스는 담배 연기를 싫어해요.
⇨ _____

⑨ 지금 하는 일이 정성을 많이 들여요.
⇨ _____

⑩ 김치는 제가 좋아하는 음식이에요.
⇨ _____

TIP '가장'은 '여럿 가운데 어느 것보다 더' 또는 '제일'이라는 뜻입니다.

다음을 보기 와 같이 고쳐 쓰세요.

> 보기
>
> 푸켓에 가다, 정말 즐거울 것 같아요.
> ⇨ 푸켓에 간다면 정말 즐거울 것 같아요.

① 큰 집을 지어 주다, 정말 고마울 것 같아요.

⇨ _____

② 자가용을 사 주다, 정말 고마울 것 같아요.

⇨ _____

③ 외국 여행을 가다, 정말 기쁠 것 같아요.

⇨ _____

④ 보석을 줍다, 정말 놀라울 것 같아요.

⇨ _____

⑤ 내가 하다, 정말 믿을 수 없을 것 같아요.

⇨ _____

⑥ 아기를 보다, 정말 행복할 것 같아요.

⇨ _____

⑦ 내가 잘하다, 정말 힘이 날 것 같아요.

⇨ _____

⑧ 분노를 억제하다, 정말 대단할 것 같아요.

⇨ _____

⑨ 존경의 대상이 되다, 정말 기쁠 것 같아요.

⇨ _____

⑩ 머리를 자유롭게 돌리다, 정말 편할 것 같아요.

⇨ _____

TIP '~다면'의 문장에서 앞에는 조건을 쓰고, 뒤에는 예상 결과를 씁니다.

다음 **남산** 가는 길을 묻는 대화를 읽고, 암기하세요.

새라   남산이 어디에 있어요?

철수   서울역 근처에 있어요.

새라   어떻게 가야 해요?

철수   지하철을 타고 서울역에서 내린 다음 걸어야 해요.

새라   서울역에서 얼마나 더 걸어야 해요?

철수   한 1킬로미터쯤 걸어야 해요.

새라   고맙습니다.

자주 배울 낱말
- 남산
- 서울역
- 근처
- 지하철
- 다음
- 얼마나
- 한
- 킬로미터
- 고맙습니다

TIP '남산'은 서울특별시 중구와 용산구 사이에 있는 산입니다.

다음 **남산 가는 길**을 묻는 대화를 읽고, 문장을 따라 쓰세요.

남산이 어디에 있어요?
서울역 근처에 있어요.
어떻게 가야 해요?
지하철을 타고 서울역에서
내린 다음 걸어가야 해요.
서울역에서 얼마나 더 걸어야 해요?
한 1킬로미터쯤 걸어야 해요.
고맙습니다.

다음 보기 와 같이 대답을 쓰세요.

보기
무엇을 타고 가죠? [지하철]
⇨ 지하철을 타고 가요.

① 무엇을 타고 가죠? [버스]
⇨ _____

② 무엇을 타고 가죠? [기차]
⇨ _____

③ 무엇을 타고 가죠? [트럭]
⇨ _____

④ 무엇을 타고 가죠? [구급차]
⇨ _____

⑤ 무엇을 타고 가죠? [택시]
⇨ _____

⑥ 무엇을 타고 가죠? [승용차]
⇨ _____

⑦ 무엇을 타고 가죠? [자전거]
⇨ _____

⑧ 무엇을 타고 가죠? [오토바이]
⇨ _____

⑨ 무엇을 타고 가죠? [헬리콥터]
⇨ _____

⑩ 무엇을 타고 가죠? [비행기]
⇨ _____

다음을 보기 와 같이 고쳐 쓰세요.

보기 서울역에서 내린다, 길을 걸어가다.
⇨ 서울역에서 내린 다음 길을 걸어가야 해요.

① 빵집에서 먹는다. 도서관에 가다.
⇨ _____

② 침대에서 잔다. 이불을 갠다.
⇨ _____

③ 텔레비전을 본다. 청소를 한다.
⇨ _____

④ 연필을 산다. 노트를 산다.
⇨ _____

⑤ 축구를 한다. 배구를 한다.
⇨ _____

⑥ 노래를 부른다. 차를 마신다.
⇨ _____

⑦ 집에서 쉰다. 공부를 한다.
⇨ _____

⑧ 그림을 그린다. 그림을 판다.
⇨ _____

⑨ 땅을 판다. 나무를 심는다.
⇨ _____

⑩ 물건을 판다. 돈을 모은다.
⇨ _____

TIP '~ㄴ 다음'은 차례의 바로 뒤를 나타낼 때 쓰이며 여기에서는 동사를 '~ㄴ'으로 바꾸는 연습을 주로 해야 하며 예외적으로 변화되는 것은 암기해 둡니다.

다음을 보기 와 같이 알맞은 곳에 '더'를 넣고, 문장을 다시 쓰세요.

> 보기
> 서울역에서 얼마나 걸어야 해요?
> ⇨ 서울역에서 얼마나 더 걸어야 해요?

① 나는 너보다 연필을 많이 갖고 있다.

⇨ _____

② 연필보다 만년필이 비싼 물건이에요.

⇨ _____

③ 조금만 걸어 가 보세요.

⇨ _____

④ 좀 가면 왼쪽에 그 집이 있어요.

⇨ _____

⑤ 먹을 것이 있어요.

⇨ _____

⑥ 그는 나보다 일을 빨리 해요.

⇨ _____

⑦ 이것은 저것보다 예뻐요.

⇨ _____

⑧ 그는 나보다 키가 커요.

⇨ _____

⑨ 올해가 작년보다 추워요.

⇨ _____

⑩ 내일 날씨는 나빠질 거예요.

⇨ _____

> TIP '더'는 '~보다 많이'를 나타내는 말로 꾸미려고 하는 말 앞에 옵니다.

다음을 보기 와 같이 알맞은 곳에 '쯤'을 넣고, 문장을 다시 쓰세요.

보기
한 1킬로미터 걸어야 해요.
⇨ 한 1킬로미터쯤 걸어야 해요.

① 걸어서 네 시간 걸려요.
⇨ _____

② 제시카는 내 나이 돼요.
⇨ _____

③ 10개 준 것 같아요.
⇨ _____

④ 얼마 주었어요?
⇨ _____

⑤ 그림이 90% 완성되었어요.
⇨ _____

⑥ 50명의 학생들이 모였어요.
⇨ _____

⑦ 네 시에 모여라.
⇨ _____

⑧ 몇 시에 만날까요?
⇨ _____

⑨ 다음 주 또 오겠어요.
⇨ _____

⑩ 열흘 전의 일이에요.
⇨ _____

TIP '쯤'은 '정도, 무렵, 까지, 적어도' 등의 뜻을 나타내고 수사에 붙어서 사용되는 경우가 많습니다.

다음 **가전제품 수리**에 대한 대화를 읽고, 암기하세요.

엘리슨 : 텔레비전이 안 켜져요.

애슐리 : 그럼, 플러그를 꼽은 다음에 전원을
켜 봐요.

엘리슨 : 그렇게 했는데 안 켜지는데요.
오래 돼서 고장이 난 것 같아요.

애슐리 : 한번 고장나면 고치기 어려워요.

엘리슨 : 그럼, 어떻게 하지요?

애슐리 : 대리점에서 텔레비전을 사야 할 것 같아요.

자주 배울 낱말
○ 텔레비전   ○ 플러그   ○ 꼽은[꼬븐]   ○ 전원을[전워늘]
○ 고장   ○ 대리점   ○ 같아요[가타요]

TIP '가전제품'은 가정에서 사용할 수 있는 전기 기기를 말합니다.

다음 가전제품 수리에 대한 대화를 읽고, 문장을 따라 쓰세요.

텔레비전이 안 켜져요.

그럼, 플러그를 꼽은 다음에

전원을 켜 봐요.

그렇게 했는데 안 켜지는데요.

오래 돼서 고장이 난 것 같아요.

한번 고장나면 고치기 어려워요.

그럼, 어떻게 하지요?

대리점에서 텔레비전을 사야 할 것 같아요.

다음을 보기 와 같이 고쳐 쓰세요.

보기
그렇게 했다. 그런데 안 켜지다.
⇨ 그렇게 했는데 안 켜지는데요.

① 어머니께 편지를 쓴다. 그런데 할 말이 없다.

⇨ _____

② 물건을 사기는 사야 했다. 그런데 돈이 없다.

⇨ _____

③ 얼굴이 예쁩니다. 그런데 키가 좀 작습니다.

⇨ _____

④ 글씨를 예쁘게 쓰는구나. 그런데 무슨 말인지 알 수가 없구나.

⇨ _____

⑤ 반찬이 맛있다. 그런데 많지 않다.

⇨ _____

⑥ 공부를 잘 해요. 그런데 운동을 너무 못해요.

⇨ _____

⑦ 비가 왔다. 그런데 피할 길이 없다.

⇨ _____

⑧ 노래를 부르고 싶다. 그런데 소리가 나오질 않는다.

⇨ _____

⑨ 꽃이 잘 피었다. 그런데 비가 안 온다.

⇨ _____

⑩ 개구리가 운다. 그런데 날이 맑다.

⇨ _____

TIP '그런데'를 없애고 문장을 하나로 연결할 때는 앞 서술어와 '그런데'를 합하여 '～ 하는데'로 고친다.

다음을 보기 와 같이 고쳐 쓰세요.

> 보기
>
> 오래 되다, 고장이 나다.
> ⇨ 오래 돼서 고장이 난 것 같아요.

① 배가 아프다. 병원에 가다.
⇨ _____

② 바람이 불다. 꽃잎이 떨어지다.
⇨ _____

③ 비가 온다. 우산을 쓰다.
⇨ _____

④ 달리기를 하다. 힘이 빠지다.
⇨ _____

⑤ 친구 생일이다. 선물을 사다.
⇨ _____

⑥ 봄이 되다. 새싹이 돋다.
⇨ _____

⑦ 감기에 걸리다. 약을 먹다.
⇨ _____

⑧ 친구가 보고 싶다. 친구를 만나다.
⇨ _____

⑨ 어머니가 보고 싶다. 편지를 쓰다.
⇨ _____

⑩ 잠이 온다. 침대에서 자다.
⇨ _____

TIP '~서'는 원인이고, '것 같아요.'는 원인에 의해서 생긴 결과를 추측하는 것입니다.

다음을 보기 와 같이 고쳐 쓰세요.

보기
> 한번 고장나다, 고치기 어렵다.
> ⇨ 한번 고장나면 고치기 어려워요.

① 꽃이 피다, 새도 운다.
⇨ _____

② 충분히 자다. 피로가 풀린다.
⇨ _____

③ 운동을 하다. 건강해지다.
⇨ _____

④ 물을 주다. 나무가 잘 자란다.
⇨ _____

⑤ 공부를 열심히 하다. 시험을 잘 본다.
⇨ _____

⑥ 봄이 오다. 새싹이 돋는다.
⇨ _____

⑦ 눈이 오다. 너무 춥다.
⇨ _____

⑧ 친구와 다투다. 기분이 좋지 않다.
⇨ _____

⑨ 밥을 먹다. 배가 부르다.
⇨ _____

⑩ 가을이 오다. 낙엽이 떨어진다.
⇨ _____

TIP '~면'은 일반적으로 분명한 사실을 어떤 일에 대한 조건으로 말할 때 씁니다.

다음을 보기 와 같이 고쳐 쓰세요.

보기
대리점에서 텔레비전을 사다.
⇨ 대리점에서 텔레비전을 사야 할 것 같아요.

① 극장에서 영화를 보다.
⇨ _____

② 문구점에서 연필을 사다.
⇨ _____

③ 분식점에서 떡볶이를 먹다.
⇨ _____

④ 가게에서 우산을 사다.
⇨ _____

⑤ 친구에게 선물을 주다.
⇨ _____

⑥ 도서관에서 책을 읽다.
⇨ _____

⑦ 화실에서 그림을 그리다.
⇨ _____

⑧ 학교에서 친구를 만나다.
⇨ _____

⑨ 운동장에서 축구를 하다.
⇨ _____

⑩ 꽃집에서 꽃을 구하다.
⇨ _____

TIP '~야 할 것 같아요.'를 문장의 마지막에 쓰면 예상하는 글이 됩니다.

다음 물건 교환하기에 대한 대화를 읽고, 암기하세요.

점원	어떻게 오셨어요?
맥신	어제 산 이 옷을 교환할 수 있어요?
점원	영수증이 있어야 교환이 가능해요.
맥신	영수증을 갖고 왔어요.
점원	왜 교환하려고 하세요?
맥신	커피색이 안 어울리는 것 같아요.
점원	커피색 말고 파란색이 있는데요.
맥신	그럼 파란색으로 주세요.

자주 배울 낱말 ○ 산 ○ 교환 ○ 영수증 ○ 가능 ○ 커피색 ○ 파란

TIP '교환'은 물건을 서로 주고받거나 서로 바꾸는 것을 말합니다.

다음 물건 교환하기에 대한 대화를 읽고, 문장을 따라 쓰세요.

어떻게 오셨어요?

어제 산 이 옷을 교환할 수 있어요?

영수증이 있어야 교환이 가능해요.

영수증을 갖고 왔어요.

왜 교환하려고 하세요?

커피색이 안 어울리는 것 같아요.

커피색 말고 파란색이 있는데요.

그럼 파란색으로 주세요.

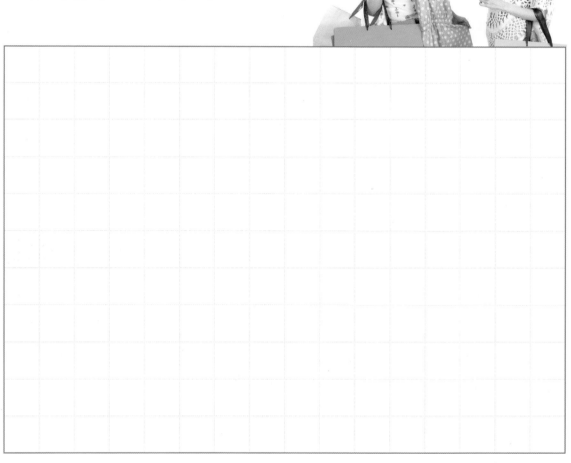

06 생활과 문화 – 물건 교환하기

다음을 보기 와 같이 고쳐 쓰세요.

보기
> 가방, 교환하다.
> ⇨ 가방을 교환할 수 있어요?

① 핸드백, 사다
⇨ _____

② 빵, 만들다
⇨ _____

③ 소설, 읽다
⇨ _____

④ 축구, 하다
⇨ _____

⑤ 야구공, 치다
⇨ _____

⑥ 일기, 쓰다
⇨ _____

⑦ 영화, 보다
⇨ _____

⑧ 시장, 구경하다
⇨ _____

⑨ 전화, 하다
⇨ _____

⑩ 스케이트, 타다
⇨ _____

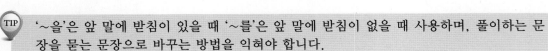

TIP '~을'은 앞 말에 받침이 있을 때 '~를'은 앞 말에 받침이 없을 때 사용하며, 풀이하는 문장을 묻는 문장으로 바꾸는 방법을 익혀야 합니다.

108 외국인을 위한 기초 한글배우기 ④ 생활편

다음을 보기 와 같이 고쳐 쓰세요.

보기
커피색이 어울리다.
⇨ 커피색이 어울리는 것 같아요.

① 바지의 길이가 길다.
⇨ _____

② 허리가 크다.
⇨ _____

③ 옷이 작다.
⇨ _____

④ 소매가 짧다.
⇨ _____

⑤ 옷이 헐렁하다.
⇨ _____

⑥ 이 음악이 유행하다.
⇨ _____

⑦ 아이가 밥을 먹다.
⇨ _____

⑧ 의자에 앉아 있다.
⇨ _____

⑨ 새가 운다.
⇨ _____

⑩ 토끼가 뛰어간다.
⇨ _____

 '~ㄴ 것 같아요.'는 서로 다르지 않다는 말입니다. 이 부분에서도 동사를 '~ㄴ'으로 바꾸는 연습을 하며 예외적인 것은 암기해 두었다 사용합니다.

다음을 보기와 같이 알맞은 곳에 '안'을 넣고 문장을 다시 쓰세요.

> 보기
> 커피색이 어울리는 것 같아요.
> ⇨ 커피색이 안 어울리는 것 같아요.

① 바지의 길이가 긴 것 같아요.

⇨ _____

② 허리가 큰 것 같아요.

⇨ _____

③ 옷이 작은 것 같아요.

⇨ _____

④ 소매가 짧은 것 같아요.

⇨ _____

⑤ 옷이 헐렁한 것 같아요.

⇨ _____

⑥ 이 음악이 유행하는 것 같아요.

⇨ _____

⑦ 아이가 밥을 먹은 것 같아요.

⇨ _____

⑧ 의자에 앉아 있는 것 같아요.

⇨ _____

⑨ 새가 우는 것 같아요.

⇨ _____

⑩ 토끼가 뛰어가는 것 같아요.

⇨ _____

> TIP '안'은 문장에서 주로 꾸미는 말이나 동사 앞에 와서 반대의 뜻을 나타냅니다.

다음을 보기 와 같이 고쳐 쓰세요.

보기
> 커피색, 파란색이 있다
>   ⇨ 커피색 말고 파란색이 있는데요.

① 핸드백, 양말을 사다
⇨ _____

② 빵, 케이크를 만들다
⇨ _____

③ 소설, 만화책을 읽다
⇨ _____

④ 축구, 야구를 하다
⇨ _____

⑤ 야구, 탁구를 치다
⇨ _____

⑥ 일기, 동화를 쓰다
⇨ _____

⑦ 영화, 연극을 보다
⇨ _____

⑧ 시장, 백화점을 구경하다
⇨ _____

⑨ 반지, 팔찌를 주다
⇨ _____

⑩ 스케이트, 썰매를 타다
⇨ _____

TIP '말고'는 '말다'의 변화된 형태로 '아니하다'의 뜻을 나타내며 이번에는 풀이말(동사)을
'~ㄴ데요.' 모양으로 바꾸어 봅시다.

다음 피자 먹자에 대한 대화를 읽고, 암기하세요.

클로이	오늘 우리 집에서 피자 먹자.
오드리	아까 우리 빵 먹었잖아.
클로이	조금 있으면 배고플 거야.
오드리	이러다 우리 돼지되는 것 아니야?
클로이	배고파 마른 돼지보다 살찐 돼지가 예쁘거든.
오드리	좋아. 우리 먹고 싶은 대로 먹자.
클로이	먹지 못하면 건강은커녕 공부도 못하게 돼.

자주 배울 낱말　○ 집　○ 피자　○ 조금　○ 돼지　○ 마른　○ 살찐　○ 건강　○ 공부

 TIP '피자'는 밀가루 반죽 위에 토마토·치즈·고기·피망·향료 따위를 얹어 둥글고 납작하게 구운 파이를 말합니다.

다음 피자 먹자에 대한 대화를 읽고, 문장을 따라 쓰세요.

오늘 우리 집에서 피자 먹자.
아까 우리 빵 먹었잖아.
조금 있으면 배고플 거야.
이러다 우리 돼지되는 것 아니야?
배고파 마른 돼지보다 살찐 돼지가
예쁘거든.
좋아. 우리 먹고 싶은 대로 먹자.
먹지 못하면 건강은커녕 공부도 못하게 돼.

07 생활과 문화 - 피자 먹자

다음을 보기 와 같이 고쳐 쓰세요.

> **보기**   우리 집에서 피자 먹읍시다. ⇨ 우리 집에서 피자 먹자.

① 도서관에서 책을 봅시다.

⇨ _____

② 남산 정상에서 만납시다.

⇨ _____

③ 교실에서 조용히 책을 읽읍시다.

⇨ _____

④ 북한산 등산을 합시다.

⇨ _____

⑤ 엘리베이터를 함께 탑시다.

⇨ _____

⑥ 밭에서 열심히 일합시다.

⇨ _____

⑦ 산에서 나무를 심읍시다.

⇨ _____

⑧ 잠 자기 전에 일기를 씁시다.

⇨ _____

⑨ 버릴 것은 분류하여 버립시다.

⇨ _____

⑩ 우리 함께 우유를 마십시다.

⇨ _____

 TIP '~시다.'는 상대에게 정중하게 권유하는 문장이며 '~자.'는 친구나 아랫사람에게 권유하는 형식입니다.

다음을 보기 와 같이 고쳐 쓰세요.

보기   살찌다, 돼지가 예쁘다. ⇨ 살찐 돼지가 예쁘다.

① 배고프다, 아기가 운다.
   ⇨ _____

② 예쁘다, 인형을 갖고 싶다.
   ⇨ _____

③ 깨끗하다, 유리창이 반짝인다.
   ⇨ _____

④ 어둡다, 밤에 별이 총총하다.
   ⇨ _____

⑤ 가늘다, 가지가 바람에 흔들린다.
   ⇨ _____

⑥ 두껍다, 책을 읽는 것이 어렵다.
   ⇨ _____

⑦ 쉽다, 문제가 풀기 쉽다.
   ⇨ _____

⑧ 어렵다, 일을 마치면 더욱 기쁘다.
   ⇨ _____

⑨ 노랗다, 병아리가 귀엽다.
   ⇨ _____

⑩ 무섭다, 호랑이가 나타났다.
   ⇨ _____

TIP   '~다.' 형태의 꾸미는 말을 '~는' 형태의 뒤에 오는 낱말을 꾸미는 말로 고치는 것을 익힙니다.

다음을 보기 와 같이 고쳐 쓰세요.

보기 우리, 떡을 먹자. ⇨ 우리, 떡을 먹고 싶은 대로 먹자.

① 우리 침대에서 자자.
⇨ _____

② 우리 공원에서 놀자.
⇨ _____

③ 우리 인도에서 달리자.
⇨ _____

④ 우리 도서관에서 공부하자.
⇨ _____

⑤ 우리 매일 만나자.
⇨ _____

⑥ 우리 화장품을 사자.
⇨ _____

⑦ 우리 열심히 공부하자.
⇨ _____

⑧ 우리 집에 가자.
⇨ _____

⑨ 우리 멀리 뛰자.
⇨ _____

⑩ 우리 나무를 심자.
⇨ _____

TIP '~자.'의 권유형을 보다 부드럽게 상대방의 의사를 중시해주며 '~고 싶은 대로 ~자.' 형태로 고치는 것을 익힙니다.

다음을 보기 와 같이 고쳐 쓰세요.

> 보기 건강은 말할 것도 없이 공부도 못하게 돼.
> ⇨ 건강은커녕 공부도 못하게 돼.

① 칭찬은 말할 것도 없이 화를 냈습니다.
⇨ _____

② 고마워하는 것은 말할 것도 없이 짜증을 냈습니다.
⇨ _____

③ 미인은 말할 것도 없이 귀신 같았습니다.
⇨ _____

④ 백 원은 말할 것도 없이 십 원도 주지 않았다.
⇨ _____

⑤ 이 책이 재미있기는 말할 것도 없이 싫증이 났습니다.
⇨ _____

⑥ 환영은 말할 것도 없이 냉대를 받았습니다.
⇨ _____

⑦ 저축은 말할 것도 없이 돈을 빼갔습니다.
⇨ _____

⑧ 즐겁기는 말할 것도 없이 불쾌했습니다.
⇨ _____

⑨ 영어는 말할 것도 없이 한국어도 못했습니다.
⇨ _____

⑩ 노래는 말할 것도 없이 말도 못했습니다.
⇨ _____

 '~커녕'은 받침 있는 말에 붙어 앞말을 지정하여 어떤 사실을 부정하는 뜻을 강조하는 보조사(도움말)로 보조사 '은'에 보조사 '커녕'이 결합한 말이다. '말할 것도 없이'와 똑같은 의미의 '~ㄴ커녕'으로 바꾸는 것을 익힙시다.

다음 선물을 고를 때의 대화를 읽고, 암기하세요.

제시카 에일리 생일인데 어떤 선물을
주면 좋아할까?

고메즈 글쎄, 네 생각은 어때?

제시카 에일리 선물로 핸드백은 어떨까?

고메즈 반지는 어때?
전에 반지를 갖고 싶어 했어.

제시카 그럼, 반지를 사야겠네?

고메즈 제시카, 이번 달에
용돈 좀 쓰겠네.

제시카 그래도 어쩔 수 없지.

자주 배울 낱말

○ 생일인데 ○ 선물 ○ 글쎄 ○ 생각은[생가근] ○ 반지

○ 어때? ○ 전에[저네] ○ 용돈 ○ 좀

TIP '선물'은 남에게 어떤 것을 선사할 때 쓰는 물건입니다.

다음 선물을 고를 때의 대화를 읽고, 문장을 따라 쓰세요.

에일리 생일인데 어떤 선물을 주면 좋아할까?
글쎄, 네 생각은 어때?
에일리 선물로 핸드백은 어떨까?
반지는 어때?
전에 반지를 갖고 싶어 했어.
그럼, 반지를 사야겠네?
제시카, 이번 달에 용돈 좀 쓰겠네.
그래도 어쩔 수 없지.

다음을 보기 와 같이 고쳐 쓰세요.

보기
어떤 선물을 주면 좋아할까? [화장품]
⇨ 선물로 화장품은 어떨까?

① 어떤 선물을 주면 좋아할까? [귀걸이]
⇨ _____

② 어떤 선물을 주면 좋아할까? [목걸이]
⇨ _____

③ 어떤 선물을 주면 좋아할까? [브로치]
⇨ _____

④ 어떤 선물을 주면 좋아할까? [허리띠]
⇨ _____

⑤ 어떤 선물을 주면 좋아할까? [스카프]
⇨ _____

⑥ 어떤 선물을 주면 좋아할까? [목도리]
⇨ _____

⑦ 어떤 선물을 주면 좋아할까? [지갑]
⇨ _____

⑧ 어떤 선물을 주면 좋아할까? [핸드백]
⇨ _____

⑨ 어떤 선물을 주면 좋아할까? [시계]
⇨ _____

⑩ 어떤 선물을 주면 좋아할까? [팔찌]
⇨ _____

TIP '~할까?'에 대한 의견을 다시 '~은 어떨까?'로 의견을 되묻는 문장을 만드는 문제입니다.

다음을 보기 와 같이 고쳐 쓰세요.

보기

화장품을 갖고 싶다.
⇨ 화장품을 갖고 싶어 했어.

① 잠을 자고 싶다.
⇨ _____

② 선생님이 되고 싶다.
⇨ _____

③ 친구를 보고 싶다.
⇨ _____

④ 책을 읽고 싶다.
⇨ _____

⑤ 아픈 기억을 잊고 싶다.
⇨ _____

⑥ 애완동물을 기르고 싶다.
⇨ _____

⑦ 할머니 댁에 가고 싶다.
⇨ _____

⑧ 낚시를 하고 싶다.
⇨ _____

⑨ 이사를 가고 싶다.
⇨ _____

⑩ 공을 차고 싶다.
⇨ _____

TIP '~고 싶다.'는 자신의 바람을 이야기한 것이고, '~고 싶어 했어.'는 말한 사람의 바람을
다른 사람에게 전하는 형식입니다.

다음 문장을 보기 와 같이 고쳐 쓰세요.

보기

화장품을 사다.　　⇨ 화장품을 사야겠네.

⇨ 화장품을 사야겠어요.

⇨ 화장품을 사야겠습니다.

① 귀걸이를 주다.

⇨ _____

⇨ _____

⇨ _____

② 넥타이를 받다.

⇨ _____

⇨ _____

⇨ _____

③ 열쇠고리를 사다.

⇨ _____

⇨ _____

⇨ _____

④ 샌들을 고르다.

⇨ _____

⇨ _____

⇨ _____

TIP '~다'는 풀이하는 문장이고, '~겠네.'는 자신의 생각을 층이 비슷한 사람끼리 말하는 것이며, '~겠어요. ~겠습니다.'는 자신의 생각을 자신보다 윗사람 또는 존중하는 이에게 하는 말입니다.

다음을 보기 와 같이 알맞은 곳에 '좀'을 넣고, 문장을 다시 쓰세요.

보기   이번 달에 용돈 쓰겠네.   ⇨ 이번 달에 용돈 좀 쓰겠네.

① 물건값이 비싸네.

⇨ _____

② 아버지가 편찮으신 것 같네.

⇨ _____

③ 아들아, 더 열심히 공부해라.

⇨ _____

④ 어머니, 더 주무세요.

⇨ _____

⑤ 손을 빌려 주세요.

⇨ _____

⑥ 이것 드세요.

⇨ _____

⑦ 빨리 가세.

⇨ _____

⑧ 제발 물을 주세요.

⇨ _____

⑨ 진지를 더 드시겠습니까?

⇨ _____

⑩ 늦을 것 같으니 자리를 맡아 줘.

⇨ _____

 TIP '좀'은 부사로 형용사, 동사, 다른 부사를 꾸미나 부사 위치는 수식하고자 하는 말 앞에 위치하는 것이 가장 바람직합니다.

다음 파티에 가기 전에 나눈 대화를 읽고, 암기하세요.

애슐리 어디 가시려고요?

릴리안 오늘 밤에 파티에 가려고요.

이 블라우스 어때요?

애슐리 블라우스를 입으니 정말 예쁜 것 같아요.

릴리안 이 구두는 어때요?

애슐리 아주 잘 어울려요.

릴리안 감사해요.

자주 배울 낱말

○ 오늘 ○ 밤 ○ 파티 ○ 블라우스 ○ 정말 ○ 같아요[가타요]

○ 구두 ○ 아주 ○ 감사해요

TIP '파티'는 친목 또는 무엇을 기념하기 위한 잔치나 모임을 말합니다.

다음 **파티에 가기 전에** 나눈 대화를 읽고, 문장을 따라 쓰세요.

어디 가시려고요?
오늘 밤에 파티에 가려고요.
이 블라우스 어때요?
블라우스를 입으니 정말 예쁜 것
같아요.
이 구두는 어때요?
아주 잘 어울려요.
감사해요.

다음을 보기 와 같이 고쳐 쓰세요.

> 보기
>
> 오늘 밤에 파티에 가다.
> ⇨ 오늘 밤에 파티에 가려고요.

① 오늘 늦기 전에 집에 오다.

　⇨ _____

② 오늘 사과나무를 심다.

　⇨ _____

③ 오늘 저녁에 선물을 사다.

　⇨ _____

④ 오늘 친구에게 꽃을 주다.

　⇨ _____

⑤ 오늘 북한산에 오르다.

　⇨ _____

⑥ 지금 엘리베이터를 타다.

　⇨ _____

⑦ 지금 화분에 물을 주다.

　⇨ _____

⑧ 지금 음식을 맛있게 씹다.

　⇨ _____

⑨ 지금 긴 끈을 자르다.

　⇨ _____

⑩ 지금 여러 포기의 배추를 묶다.

　⇨ _____

TIP '움직임말(동사)+~려고요'로 고칠 때 움직임말이 어떻게 변화되는가를 기억해 둡니다.

다음을 보기 와 같이 알맞은 곳에 '정말'을 넣고, 문장을 다시 쓰세요.

보기
블라우스를 입으니 예쁜 것 같아요.
⇨ 블라우스를 입으니 정말 예쁜 것 같아요.

① 네가 한 일 잘했어.
⇨ _____

② 네가 입은 옷이 멋있다!
⇨ _____

③ 어머니가 만들어 주신 옷이 훌륭해요.
⇨ _____

④ 와, 나무가 큰데요.
⇨ _____

⑤ 선물을 주시다니 고마워요.
⇨ _____

⑥ 이순신 장군은 영웅입니다.
⇨ _____

⑦ 삼촌 댁에 가지 않겠어요?
⇨ _____

⑧ 비행기가 빠르구나!
⇨ _____

⑨ 이 동네는 깨끗합니다.
⇨ _____

⑩ 인형이 예쁘네요.
⇨ _____

TIP '정말'은 '거짓이 없이 말 그대로'를 뜻하는 부사로 형용사, 동사, 부사 등의 앞에 옵니다.

다음을 보기 와 같이 고쳐 쓰세요.

보기

블라우스를 입다. 예쁜 것 같다.
⇨ 블라우스를 입으니 예쁜 것 같아요.

① 옷을 벗다. 시원한 것 같다.
⇨ _____

② 기차를 타다. 빠른 것 같다.
⇨ _____

③ 공원을 산책하다. 기분이 좋은 것 같다.
⇨ _____

④ 운동을 하다. 땀이 나는 것 같다.
⇨ _____

⑤ 산에 오르다. 기분이 상쾌해지는 것 같다.
⇨ _____

⑥ 밤에 오다. 할 일이 많은 것 같다.
⇨ _____

⑦ 강아지를 만지다. 보송보송한 것 같다.
⇨ _____

⑧ 하늘을 보다. 파란 것 같다.
⇨ _____

⑨ 차를 마시다. 향기가 나는 것 같다.
⇨ _____

⑩ 김치찌개를 먹다. 배부른 것 같다.
⇨ _____

TIP '움직임말'을 '~니'로 바꿀 때는 움직임말이 상황에 따라 바뀌는 것이 일정하지 않으니 기억해 두는 것이 좋습니다. '풀이말 '같다'를 '같아요'로 고치는 것은 좀 더 부드러운 표현으로 고치는 방법입니다.

다음을 보기 와 같이 알맞은 곳에 '아주'를 넣고, 문장을 다시 쓰세요.

보기   몸에 잘 어울려요.   ⇨   몸에 아주 잘 어울려요.

① 말대꾸도 할 줄 알고 제법인데.

⇨ _____

② 오랜 옛날 이야기입니다.

⇨ _____

③ 이번 시험 문제는 쉬웠어요.

⇨ _____

④ 병수는 노래를 잘 부른다.

⇨ _____

⑤ 규칙적인 운동은 건강에 좋습니다.

⇨ _____

⑥ 제시카는 에일리와 생각하는 것이 달랐어요.

⇨ _____

⑦ 나는 엄마를 만나면 마음이 편해요.

⇨ _____

⑧ 비가 그치자 가까운 곳에서 부엉새가 울었습니다.

⇨ _____

⑨ 집에 도착한 것은 밤이 깊어서였어.

⇨ _____

⑩ 급하고 위험한 일이 아니면 천천히 하자.

⇨ _____

TIP '아주'는 부사로 '보통 정도보다 훨씬 더 넘어선 상태로'라는 뜻이 있으며 어디에 위치해도 좋으나 꾸며야 할 말 앞에 오는 것이 가장 좋습니다.

다음 설날에 일어난 일에 대한 글을 읽고, 암기하세요.

> 설날 아침입니다.
> 나는 일찍 일어나서 한복을 입었습니다.
> 그리고 할아버지, 할머니께 세배를 했습니다.
> 할아버지와 할머니께서는 좋은 말씀도 해 주시고,
> 용돈도 주셨습니다.
> 잠시 후에 어머니께서 떡국을 만들어 오셨습니다.
> 즐겁게 가족과 함께 떡국을 먹었습니다.
> 떡국을 먹은 후에는 윷놀이도 했습니다.

자주 배울 낱말		
○ 아침입니다[아치밈니다]	○ 일찍	○ 한복을[한보글]
○ 덕담을[덕다믈]	○ 용돈도[용똔도]	○ 떡국을[떡꾸글]
○ 즐겁게[즐겁께]	○ 가족과[가조꽈]	○ 윷놀이도[윤노리도]

 TIP '설날'은 명절의 하나로 음력으로 1월 1일을 말합니다.

다음 설날에 일어난 일에 대한 글을 읽고, 문장을 따라 쓰세요.

설날 아침입니다.
나는 일찍 일어나서 한복을 입었습니다.
그리고 할아버지, 할머니께 세배를 했습니다.
할아버지와 할머니께서는 좋은 말씀도 해 주시고, 용돈도 주셨습니다.
잠시 후에 어머니께서 떡국을 만들어 오셨습니다.
즐겁게 가족과 함께 떡국을 먹었습니다.
떡국을 먹은 후에는 윷놀이도 했습니다.

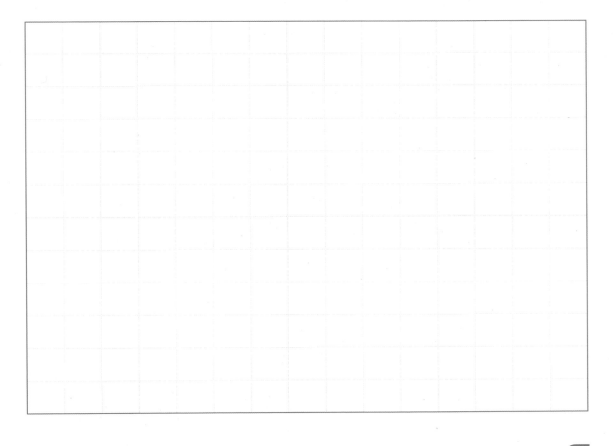

다음을 보기 와 같이 고쳐 쓰세요.

보기
일어났다, 한복을 입었다.
⇨ 일어나서 한복을 입었습니다.

① 어제는 많이 아팠다, 결석을 했다.

⇨ _____

② 닭은 날개를 사용하지 않았다, 날개를 쓰지 못했다.

⇨ _____

③ 소피아는 한국어에 관심이 많았다, 한국에 왔다.

⇨ _____

④ 그는 산을 좋아했다, 주말마다 산에 갔다.

⇨ _____

⑤ 그는 살을 빼기로 마음먹었다, 밤마다 운동했다.

⇨ _____

⑥ 토니는 저녁에 일을 나갔다, 낮에는 잠을 잤다.

⇨ _____

⑦ 날씨가 추워졌다, 옷을 두껍게 입고 나왔다.

⇨ _____

⑧ 비가 왔다, 여행 계획은 취소되었다.

⇨ _____

⑨ 시험 문제가 너무 어려웠다, 합격하지 못했다.

⇨ _____

⑩ 용돈을 준다고 했다, 심부름을 다녀왔다.

⇨ _____

TIP '~서'는 앞의 내용이 뒤의 내용의 원인이나 근거, 조건 따위가 될 때 쓰는 말입니다.

다음을 보기 와 같이 고쳐 쓰세요.

> 보기
> 할머니께서는 좋은 말씀도 해 주십니다. 용돈도 주셨습니다.
> ⇨ 할머니께서는 좋은 말씀도 해 주시고, 용돈도 주셨습니다.

① 에일리는 자리에서 일어났다. 창문을 열었다.

　⇨ _____

② 메이슨은 가방에서 약을 꺼냈다. 그 약을 꿀꺽 삼켰다.

　⇨ _____

③ 제이든은 밭에 참외, 수박을 심었다. 딸기도 심었다.

　⇨ _____

④ 윌리엄은 노래를 잘 부른다. 그림도 잘 그린다.

　⇨ _____

⑤ 바위 위에 쭈그리고 앉는다. 두 손으로 얼굴을 문지른다.

　⇨ _____

⑥ 밥을 먹었다. 양치질을 했다.

　⇨ _____

⑦ 조세프는 침대에서 일어났다. 불을 끄고 방을 나갔다.

　⇨ _____

⑧ 엔써니를 만났지. 크리스토퍼도 만났지.

　⇨ _____

⑨ 총소리는 요란하게 들렸다. 더 가깝게 들려왔다.

　⇨ _____

⑩ 걸레를 들었다. 창문을 닦았다.

　⇨ _____

TIP '~고'는 ' ~다, 그리고'와 비슷한 문장을 이어 주는 역할을 합니다.

다음을 보기 와 같이 알맞은 곳에 '함께'를 넣고, 문장을 다시 쓰세요.

> 보기
> 가족과 떡국을 먹었습니다.
> ⇨ 가족과 함께 떡국을 먹었습니다.

① 온 가족과 여행을 갔습니다.

  ⇨ _____

② 동생과 공부를 했습니다.

  ⇨ _____

③ 선생님과 이야기를 나누었습니다.

  ⇨ _____

④ 과자와 음료수를 마셨습니다.

  ⇨ _____

⑤ 봄과 새싹이 돋고 꽃이 핀다.

  ⇨ _____

⑥ 제시카와 땅을 팠습니다.

  ⇨ _____

⑦ 셔츠 몇 벌과 가방 속에 넣었습니다.

  ⇨ _____

⑧ 어린 아이들과 공원에서 놀았습니다.

  ⇨ _____

⑨ 친근한 악수와 인사말을 나누었습니다.

  ⇨ _____

⑩ 절망감과 현기증을 느꼈습니다.

  ⇨ _____

> TIP '함께'는 '한꺼번에 같이', 또는 '서로 더불어'라는 뜻이 있습니다.

다음을 보기 와 같이 알맞은 곳에 '후에'를 넣고, 문장을 다시 쓰세요.

보기
> 떡국을 먹었습니다, 윷놀이도 했습니다.
> ⇨ 떡국을 먹은 후에 윷놀이도 했습니다.

① 과제를 마쳤습니다. 밖에서 놀았습니다.
　⇨ _____

② 주스를 마셨습니다. 책을 읽었습니다.
　⇨ _____

③ 종이 울렸습니다. 수업이 시작되었습니다.
　⇨ _____

④ 식사를 했습니다. 냅킨으로 입을 닦았습니다.
　⇨ _____

⑤ 친구를 만났습니다. 도서관에 갔습니다.
　⇨ _____

⑥ 책을 다 읽었습니다. 집으로 돌아왔습니다.
　⇨ _____

⑦ 두 시간이 흘렀습니다. 친구를 만났습니다.
　⇨ _____

⑧ 저녁밥을 먹었습니다. 과일을 먹었습니다.
　⇨ _____

⑨ 결혼을 했습니다. 집을 사서 이사를 갔습니다.
　⇨ _____

⑩ 졸업을 했습니다. 직장에 들어갔습니다.
　⇨ _____

TIP '~ 후에'는 '뒤, 나중, 또는 그 다음'의 뜻이 있고, 다음 벌어질 일이 뒤에 나옵니다.

제1장 여가 생활

[쪽] 8
① 오늘은 수요일입니다.
② 오늘은 금요일입니다.
③ 오늘은 일요일입니다.
④ 어제는 화요일입니다.
⑤ 어제는 목요일입니다.
⑥ 어제는 토요일입니다.
⑦ 어제는 월요일입니다.
⑧ 내일은 수요일입니다.
⑨ 내일은 금요일입니다.
⑩ 내일은 화요일입니다.

[쪽] 9
① 도서관에서 책을 읽습니다.
② 사우나에서 목욕을 합니다.
③ 우체국에서 우표를 삽니다.
④ 동사무소에서 주민증을 받습니다.
⑤ 공원에서 놉니다.
⑥ 호수에서 낚시를 합니다.
⑦ 시청에서 행사를 합니다.
⑧ 극장에서 영화를 봅니다.
⑨ 예식장에서 결혼식을 합니다.
⑩ 주말 농장에서 채소를 기릅니다.

[쪽] 10
① 고구마를 먹고, 감자도 먹습니다.
② 청소를 하고, 쉬기도 합니다.
③ 책을 읽고, 일기도 씁니다.
④ 도서관을 가고, 식당에도 갑니다.
⑤ 축구를 좋아하고, 야구도 좋아합니다.
⑥ 요리하기를 좋아하고, 먹기도 좋아합니다.
⑦ 작곡을 좋아하고, 노래 부르는 것도 좋아합니다.
⑧ 여행을 좋아하고, 요리도 합니다.
⑨ 게임을 하고, 노래도 합니다.
⑩ 만들기를 하고, 그리기도 합니다.

[쪽] 11
① 내일은 도서관에 갑니다.
② 내일은 사우나에 갑니다.
③ 내일은 우체국에 갑니다.
④ 내일은 동사무소에 갑니다.
⑤ 내일은 공원에 갑니다.
⑥ 내일은 할머니 댁에 갑니다.
⑦ 내일은 시청에 갑니다.
⑧ 내일은 극장에 갑니다.
⑨ 내일은 예식장에 갑니다.
⑩ 내일은 주말 농장에 갑니다.

[쪽] 14
① 수요일입니다.
② 도서관에 갔습니다.
③ 등산을 합니다.
④ 집안 청소를 합니다.
⑤ 13일입니다.
⑥ 12일과 14일입니다.

[쪽] 15
① 금요일입니다.
② 6월과 8월입니다.
③ 2017년입니다.

[쪽] 16
① 주스를 마셨어요.
② 우유를 마셨어요.
③ 꿀을 마셨어요.
④ 물을 마셨어요.
⑤ 음료수를 마셨어요.
⑥ 커피를 마셨어요.
⑦ 홍차를 마셨어요.
⑧ 녹차를 마셨어요.
⑨ 맥주를 마셨어요.
⑩ 소주를 마셨어요.

[쪽] 17
① 이자벨라 씨는 아주 착해 보였습니다.
② 이번 시험 문제는 아주 쉬웠습니다.
③ 딜런 씨는 노래를 아주 잘 부릅니다.
④ 규칙적인 운동은 건강에 아주 좋습니다.
⑤ 아주 가까운 곳에서 까치가 울었습니다.
⑥ 해나를 만나면 마음이 아주 편했습니다.
⑦ 자동차 소음이 아주 심합니다.
⑧ 그렇지, 아주 잘했어.
⑨ 그 아이가 아주 똑똑합니다.
⑩ 장미꽃이 아주 아름답습니다.

[쪽] 20
① 숙제를 했어요.
② 영화를 봤어요.
③ 도서관에 갔어요.
④ 삼촌 댁에 갔어요.
⑤ 친구를 만났어요.
⑥ 박물관에 갔어요.
⑦ 여행을 갔어요.
⑧ 책을 읽었어요.
⑨ 공원에 갔어요.
⑩ 학교에 갔어요.

[쪽] 21
① 제이콥과 메이슨이 왔어요.
② 노아와 윌리엄이 왔어요.
③ 마이클과 이썬이 왔어요.
④ 알렉젠더와 에이든이 왔어요.
⑤ 대니얼과 앤써니가 왔어요.

⑥ 매튜와 일라이자가 왔어요.
⑦ 조슈아와 리엄이 왔어요.
⑧ 로건과 제임스가 왔어요.
⑨ 데이비드와 벤자민이 왔어요.
⑩ 잭슨과 크리스토퍼가 왔어요.

[쪽] 22
① 주스를 마셨어요.
② 공부를 했어요.
③ 책을 읽었어요.
④ 아르바이트를 했어요.
⑤ 게임을 했어요.
⑥ 잠을 잤어요.
⑦ 구경을 했어요.
⑧ 음악을 들었어요.
⑨ 그림을 그렸어요.
⑩ 친구를 만났어요.

[쪽] 23
① 맥주를 마셨어요. 그리고 케이크도 먹었어요.
② 배가 많이 아팠어요. 그래서 결석했어요.
③ 그는 열심히 일했다. 그러나 생활은 어려웠어요.
④ 그는 한국어에 관심이 많았다. 그래서 한국어를 배우기 시작했어요.
⑤ 문을 열 사람은 당신 그리고 나밖에 없어요.
⑥ 비가 많이 오네요. 그런데 왜 우산을 안 가져왔어요?
⑦ 이제 오세요. 그런데 어제 일은 어떻게 된 거요?
⑧ 제시카는 자리에서 일어났다. 그리고 창문을 열었다.
⑨ 루카스는 숟가락을 들었다. 그러나 밥은 반도 먹지 않았어요.
⑩ 닭은 날개를 사용하지 않았다. 그래서 닭은 날개가 퇴화했다.

[쪽] 26
① 아침 열시에 제주도에 도착할 것입니다.
② 이번 여름에 수영을 배울 것입니다.
③ 올해도 어김없이 봄은 올 것입니다.
④ 올해 겨울에는 눈이 많이 올 것입니다.
⑤ 저 만화책을 열 번도 더 읽었을 것입니다.
⑥ 에일리는 인기가 많을 것입니다.
⑦ 너무 놀다가 성적이 떨어질 것입니다.
⑧ 아까워서 연필을 쓰지 않을 것입니다.
⑨ 라면을 맛있게 먹을 것입니다.
⑩ 보리슨은 대문을 열어둘 것입니다.

[쪽] 27
① 제시카가 인형을 만들고 있습니다.
② 에일리가 책을 읽고 있습니다.
③ 어머니께서 꽃을 가꾸고 있습니다.
④ 에릭이 서점에서 책을 사고 있습니다.
⑤ 샘이 공원에서 운동하고 있습니다.
⑥ 강아지가 뒤에서 따라오고 있습니다.
⑦ 핼리가 꽃을 보고 있습니다.

⑧ 보라가 친구에게 선물을 주고 있습니다.
⑨ 나무를 심으려고 땅을 파고 있습니다.
⑩ 클로이 씨가 요리를 하고 있습니다.

[쪽] 28
① 공부도 하며 지낼 거예요.
② 일도 하며 지낼 거예요.
③ 춤도 추며 지낼 거예요.
④ 운동도 하며 지낼 거예요.
⑤ 산책도 하며 지낼 거예요.
⑥ 그림도 그리며 지낼 거예요.
⑦ 노래도 부르며 지낼 거예요.
⑧ 취미도 즐기며 지낼 거예요.
⑨ 요리도 하며 지낼 거예요.
⑩ 일도 하며 지낼 거예요.

[쪽] 29
① 꽃을 가꾸고 싶어요.
② 강아지를 키우고 싶어요.
③ 책을 읽고 싶어요.
④ 책상을 사고 싶어요.
⑤ 바지를 세탁하고 싶어요.
⑥ 요리를 하고 싶어요.
⑦ 운동을 하고 싶어요.
⑧ 산책을 하고 싶어요.
⑨ 도서관에 가고 싶어요.
⑩ 한국어를 배우고 싶어요.

[쪽] 32
① 아침 9시에 만납시다.
② 저녁 7시에 저녁을 먹읍시다.
③ 저녁 8시에 공부합시다.
④ 저녁 11시에 잠을 잡시다.
⑤ 아침 9시 30분에 학교에서 봅시다.
⑥ 아침 6시에 운동합시다.
⑦ 저녁 7시에 산책합시다.
⑧ 오후 4시에 드라이브합시다.
⑨ 아침 7시에 일어납시다.
⑩ 오후 3시에 찾아봅시다.

[쪽] 33
① 몇 시에 가죠?
② 몇 시에 만나죠?
③ 몇 시에 저녁을 먹죠?
④ 몇 시에 공부하죠?
⑤ 몇 시에 잠을 자죠?
⑥ 몇 시에 학교에서 보죠?
⑦ 몇 시에 운동하죠?
⑧ 몇 시에 산책하죠?
⑨ 몇 시에 드라이브하죠?
⑩ 몇 시에 일어나죠?

[쪽] 34
① 아침 9시 쯤에 만납시다.
② 저녁 7시 쯤에 저녁을 먹읍시다.
③ 저녁 8시 쯤에 공부합시다.
④ 저녁 11시 쯤에 잠을 잡시다.
⑤ 아침 9시 30분 쯤에 학교에서 봅시다.
⑥ 아침 6시 쯤에 운동합시다.
⑦ 저녁 7시 쯤에 산책합시다.
⑧ 오후 4시 쯤에 드라이브합시다.
⑨ 아침 7시 쯤에 일어납시다.
⑩ 오후 3시 쯤에 찾아뵙시다.

[쪽] 38
① 네, 농구를 좋아해요.
　아니오, 야구를 좋아해요.
② 네, 배구를 좋아해요.
　아니오, 탁구를 좋아해요.
③ 네, 사과를 좋아해요.
　아니오, 배를 좋아해요.
④ 네, 라면을 좋아해요.
　아니오, 국수를 좋아해요.
⑤ 네, 바나나를 좋아해요.
　아니오, 파인애플을 좋아해요.
⑥ 네, 빈대떡을 좋아해요.
　아니오, 피자를 좋아해요.

[쪽] 39
① 미안하지만 공원에 같이 못 가요.
② 미안하지만 미술관에 같이 못 가요.
③ 미안하지만 야구를 같이 못 봐요.
④ 미안하지만 못 만나요.
⑤ 미안하지만 수영장에 못 가요.
⑥ 미안하지만 식사를 같이 못해요.
⑦ 미안하지만 학교에 같이 못 가요.
⑧ 미안하지만 꽃 구경을 못 가요.
⑨ 미안하지만 공을 못 차요.
⑩ 미안하지만 친구 집에 못 가요.

[쪽] 40
① 그래요, 공원에 같이 가요.
② 그래요, 미술관에 같이 가요.
③ 그래요, 야구를 같이 봐요.
④ 그래요, 같이 만나요.
⑤ 그래요, 수영장에 같이 가요.
⑥ 그래요, 식사를 같이 해요.
⑦ 그래요, 학교에 같이 가요.
⑧ 그래요, 꽃 구경을 같이 가요.
⑨ 그래요, 공을 같이 차요.
⑩ 그래요, 친구 집에 같이 가요.

[쪽] 41
① 비싸서 못 사요.
② 시간이 없어서 못 가요.

③ 바빠서 못 만나요.
④ 바빠서 못 가요.
⑤ 복잡해서 못 타요.
⑥ 비가 와서 못 해요.
⑦ 추워서 못 해요.
⑧ 비싸서 못 사요.
⑨ 어려워서 못 배워요.
⑩ 바람이 불어서 못 타요.

[쪽] 44
① 먹어 본 적이 한 번도 없습니다.
② 사람을 차별해 본 적이 한 번도 없습니다.
③ 한복을 입어 본 적이 한 번도 없습니다.
④ 싸움을 해 본 적이 한 번도 없습니다.
⑤ 사람을 만나 본 적이 한 번도 없습니다.
⑥ 산에 관심을 가져 본 적이 한 번도 없습니다.
⑦ 친구를 미워해 본 적이 한 번도 없습니다.
⑧ 사정을 해 본 적이 한 번도 없습니다.
⑨ 사업을 해 본 적이 한 번도 없습니다.
⑩ 친구를 불러 본 적이 한 번도 없습니다.

[쪽] 45
① 산 중에 가장 높은 산이다.
② 병수가 우리 반에서 가장 빠르다.
③ 그 아이가 우리 반에서 가장 공부를 잘 한다.
④ 그 아이는 달리기를 가장 잘 한다.
⑤ 그녀가 가장 힘들어하는 일은 자녀를 기르는 것이
다.
⑥ 그는 담배 연기를 가장 싫어한다.
⑦ 그는 지금 하는 일을 가장 좋아한다.
⑧ 김치는 그녀가 가장 좋아하는 음식이다.
⑨ 비만의 가장 큰 원인은 과식이다.
⑩ 요즘 서점에서 건강에 관한 책이 가장 잘 팔린다.

[쪽] 46
① 숙제부터 했습니다.
② 그림부터 그렸습니다.
③ 일부터 했습니다.
④ 아침부터 일했습니다.
⑤ 월요일부터 회사에 나갔습니다.
⑥ 일기부터 썼습니다.
⑦ 꽃부터 구경했습니다.
⑧ 밥부터 먹었습니다.
⑨ 아기부터 돌봐야 했습니다.
⑩ 물부터 마셔야 했습니다.

[쪽] 47
① 아빠가 호랑이처럼 무섭게 보였습니다.
② 친구가 곰처럼 느립니다.
③ 천사가 나비처럼 날아다닙니다.
④ 키가 거인처럼 큽니다.
⑤ 솜이 구름처럼 가볍습니다.
⑥ 단풍잎이 손가락처럼 생겼습니다.

⑦ 강아지가 인형처럼 귀엽습니다.
⑧ 아기가 꽃처럼 예쁩니다.
⑨ 바위가 사람처럼 서 있습니다.
⑩ 하늘이 거울처럼 맑습니다.

제2장 편리한 교통

[쪽] 52
① 부산까지 가 주세요.
② 서울까지 가 주세요.
③ 인천까지 가 주세요.
④ 대구까지 가 주세요.
⑤ 경주까지 가 주세요.
⑥ 부천까지 가 주세요.
⑦ 제주도까지 가 주세요.
⑧ 구미까지 가 주세요.
⑨ 안양까지 가 주세요.
⑩ 김포까지 가 주세요.

[쪽] 53
① 겨울에는 바깥보다 안이 더 따뜻해요.
② 요리에 소금을 덜 넣었더니 싱거워요.
③ 놀이터보다 시장이 더 복잡해요.
④ 여러 사람이 도우면 덜 힘들어요.
⑤ 아침보다 밤이 더 어두워요.
⑥ 밥을 덜 먹었더니 배고파요.
⑦ 햇빛을 받은 꽃이 더 잘 피었어요.
⑧ 부채보다 선풍기가 더 시원해요.
⑨ 거북이 토끼보다 덜 빨라요.
⑩ 고양이보다 호랑이가 더 커요.

[쪽] 54
① 산길은 올라가는 것보다 내려오는 것이 훨씬 더 힘
  듭니다.
② 마이클은 옛날보다 훨씬 자신감에 차 있습니다.
③ 영희보다 키가 훨씬 큰 청년이 앞에 서 있습니다.
④ 축구가 태권도보다 훨씬 힘든 운동입니다.
⑤ 매일 운동을 했더니 건강이 훨씬 좋아졌습니다.
⑥ 보통 사람들보다 군인은 훨씬 딱딱해 보입니다.
⑦ 청소하고 나면 기분이 훨씬 좋아집니다.
⑧ 이웃 가게가 우리 가게보다 돈을 훨씬 잘 법니다.
⑨ 그녀는 생각보다 힘이 훨씬 셌습니다.
⑩ 에일리는 제시카보다 한국어를 훨씬 잘 합니다.

[쪽] 55
① 산길은 내려오는 것이 즐거웠습니다.
② 이전보다 자신감에 차 있습니다.
③ 청년이 길에 서 있습니다.
④ 축구는 힘든 운동입니다.
⑤ 운동을 해서 건강이 좋아졌습니다.
⑥ 멋진 군인들이 씩씩합니다.
⑦ 청소하고 나면 기분이 좋아집니다.

⑧ 우리 가게는 돈을 잘 법니다.
⑨ 그녀는 힘이 셌습니다.
⑩ 에일리는 한국어를 잘 합니다.

[쪽] 58
① 차가 없으니 걸어갈 수밖에 없습니다.
② 손에 쥔 게 없으니 아무것도 할 수가 없습니다.
③ 시간이 없으니 핵심만 말하십시오.
④ 할 일이 없으니 심심합니다.
⑤ 샅바가 없으니 씨름을 할 수가 없습니다.
⑥ 돈이 없으니 어느 것도 살 수가 없습니다.
⑦ 다른 뜻이 없으니 오해는 하지 마십시오.
⑧ 반찬이 없으니 밥만이라도 먹어야겠습니다.
⑨ 시간이 없으니 어서 빨리 다녀오세요.
⑩ 다른 방법이 없으니 어쩔 수 없습니다.

[쪽] 59
① 준비는 되도록 간단히 합시다.
② 복잡한 계산은 계산기로 합시다.
③ 그편에 주차장을 만들기로 합시다.
④ 경비는 우리가 부담합시다.
⑤ 공손히 절을 합시다.
⑥ 독감을 조심합시다.
⑦ 위험하니까 수술합시다.
⑧ 문서는 확실히 합시다.
⑨ 낡은 시설을 새로 정비합시다.
⑩ 좋은 것을 선택합시다.

[쪽] 60
① 비가 오니까 집에 간다.
② 길이 복잡하니까 지하철을 탄다.
③ 이야기해야 하니까 조용히 한다.
④ 질서가 있어야 하니까 규칙을 만든다.
⑤ 영화가 재미있으니까 영화를 본다.
⑥ 여럿이 일을 하니까 금방 끝난다.
⑦ 큰소리 하니까 얼른 일을 한다.
⑧ 재촉을 하니까 빨리 한다.
⑨ 시간이 없으니까 택시를 탄다.
⑩ 맛있으니까 빨리 먹는다.

[쪽] 61
① 말 말고 소를 삽니다.
② 동생 말고 친구를 부릅니다.
③ 사탕 말고 과자를 줍니다.
④ 물 말고 우유를 먹습니다.
⑤ 질문 말고 대답을 합니다.
⑥ 춤 말고 노래합니다.
⑦ 이것 말고 딴것을 줍니다.
⑧ 이것 말고 저것을 줍니다.
⑨ 설탕 말고 꿀을 먹습니다.
⑩ 사과 말고 배를 삽니다.

정답

[쪽] 64
① 늦을 수 있으니 빨리 걸어야 해요.
② 어두워질 수 있으니 일을 빨리 끝내야 해요.
③ 늦잠 잘 수 있으니 빨리 자야 해요.
④ 죽을 수 있으니 병원에 빨리 가야 해요.
⑤ 시간이 가니 빨리 준비해야 해요.
⑥ 친구가 갈 수 있으니 빨리 가 봐야 해요.
⑦ 버스가 떠날 수 있으니 버스표를 빨리 사야 해요.
⑧ 무서우니 그곳을 빨리 벗어나야 해요.
⑨ 시간이 없으니 빨리 달려야 해요.
⑩ 이 기쁜 소식을 빨리 알려야 해요.

[쪽] 65
① 버스 정류장으로 가야 해요.
② 문화대 입구로 가야 해요.
③ 경마장으로 모여야 해요.
④ 학교로 가야 해요.
⑤ 축구장으로 가야 해요.
⑥ 교실로 달려가야 해요.
⑦ 연못으로 구경 가야 해요.
⑧ 산으로 올라가야 해요.
⑨ 숲속으로 걸어가야 해요.
⑩ 공원으로 가야 해요.

[쪽] 66
① 식당에서 밥을 먹습니다.
② 도서관에서 만나야 합니다.
③ 이 물건은 시장에서 사 왔습니다.
④ 서울에서 몇 시에 출발할 예정입니까?
⑤ 제시카가 회사에서 돈을 벌었습니다.
⑥ 친구들이 교실에서 공부를 합니다.
⑦ 아이들이 공원에서 공놀이를 합니다.
⑧ 잠자리가 하늘에서 날아다닙니다.
⑨ 지하철 역에서 표를 삽니다.
⑩ 수영장에서 수영을 합니다.

[쪽] 67
① 버스표를 두 장을 사야 합니다.
② 밤 다섯 톨을 친구와 나누어 먹었습니다.
③ 배추 열 포기를 시장에서 샀습니다.
④ 계란 세 줄은 30개입니다.
⑤ 배 세 척이 항해를 합니다.
⑥ 우유 두 컵을 마셨습니다.
⑦ 서점에서 책 두 권을 샀습니다.
⑧ 문구점에서 연필 네 자루를 샀습니다.
⑨ 내 나이가 스물세 살입니다.
⑩ 자동차 한 대를 구입했습니다.

[쪽] 70
① 텔레비전을 보는 아버지께서 놀라셨다.
② 밥을 먹는 강아지가 꼬리를 친다.
③ 라면을 끓이는 어머니께서 스프를 넣으셨다.
④ 잠을 자는 친구가 누구예요?

⑤ 이야기를 듣는 사람은 사만다예요.
⑥ 지금 만나는 사람은 샘이에요.
⑦ 노래 부르는 사람은 민철입니다.
⑧ 이 집에 사는 사람이 집을 지었어요.
⑨ 수레를 미는 사람이 고맙다.
⑩ 선물을 주는 에릭도 기뻐했습니다.

[쪽] 71
① 성함과 연락처를 주시겠습니까?
② 사과와 배는 과일이다.
③ 토끼와 강아지는 짐승이다.
④ 수박과 참외는 과일입니다.
⑤ 바지와 셔츠는 옷이에요.
⑥ 비둘기와 참새는 새랍니다.
⑦ 텔레비전과 오디오는 전자제품입니다.
⑧ 그릇과 접시는 주방 도구예요.
⑨ 주스와 우유는 음료수랍니다.
⑩ 풀과 나무는 산에 많습니다.

[쪽] 72
① 성함과 연락처를 주시겠습니까?
② 할아버지께서 신문을 보고 계십니다.
③ 독수리가 하늘을 날고 있습니다.
④ 나는 사과를 무척 좋아합니다.
⑤ 수박을 잘라 드릴까요?
⑥ 영화 구경을 가십시다.
⑦ 바다에서 조개잡이를 하는 어부입니다.
⑧ 어항에 금붕어를 넣었습니다.
⑨ 아버지께서 용돈을 주셨습니다.
⑩ 어머니께 편지를 썼습니다.

[쪽] 73
① 집에서 잠을 잔다.
② 대학교에서 공부한다.
③ 한국에서 공부를 한다.
④ 종로에서 친구들을 만났어요.
⑤ 서울에서 태어났습니다.
⑥ 공원에서 산책을 한다.
⑦ 고향에서 편지가 왔다.
⑧ 방에서 나왔습니다.
⑨ 외국에서 공부를 마치고 돌아왔다.
⑩ 회사에서 밤늦게까지 일을 했습니다.

제3장 생활과 문화

[쪽] 78
① 소나기가 오려나 봐.
② 하늘이 어두워지는데.
③ 비가 온다고 했니?
④ 우산이 없는데 어떻게 하지?
⑤ 바람이 세게 부네.
⑥ 눈이 오려나 봐.

⑦ 해가 쨍쨍 떴네.
⑧ 날씨가 춥다고 했어.
⑨ 기온이 32도 쯤 될 거야.
⑩ 날씨가 따뜻한데.

[쪽] 79
① 구름이 많이 생기네.
② 소나기가 떨어지네.
③ 하늘이 어두워지네.
④ 날씨가 추워지네.
⑤ 우산이 없네.
⑥ 날씨가 따뜻하네.
⑦ 눈이 오네.
⑧ 바람이 부네.
⑨ 하늘이 깜깜하네.
⑩ 비가 개네.

[쪽] 80
① 구름이 생기려나 봐.
② 비가 오려나 봐.
③ 바람이 불려나 봐.
④ 날씨가 추워지려나 봐.
⑤ 꽃이 피려나 봐.
⑥ 날씨가 따뜻하려나 봐.
⑦ 눈이 오려나 봐.
⑧ 비가 개려나 봐.
⑨ 구름이 끼려나 봐.
⑩ 해가 뜨려나 봐.

[쪽] 81
① 해가 뜬다고 했니?
② 바람이 분다고 했니?
③ 구름이 낀다고 했니?
④ 날씨가 춥다고 했니?
⑤ 비가 갠다고 했니?
⑥ 눈이 온다고 했니?
⑦ 해가 진다고 했니?
⑧ 꽃이 핀다고 했니?
⑨ 파도가 친다고 했니?
⑩ 폭풍이 분다고 했니?

[쪽] 84
① 저는 마이클입니다.
② 선생님께서 말씀하셨습니다.
③ 작은아버지께서 진지를 드십니다.
④ 아버지께서 주무십니다.
⑤ 선생님, 계십니까?
⑥ 할머니의 생신을 축하드립니다.
⑦ 어머니의 연세는 55세입니다.
⑧ 선생님께서 진지를 드십니다.
⑨ 산촌이 병환으로 누워계십니다.
⑩ 저는 할머니 댁으로 갑니다.

[쪽] 85
① 클로이의 가방입니다.
② 윌리엄의 공책입니다.
③ 해나의 수건입니다.
④ 대니얼의 구두입니다.
⑤ 줄리안의 꽃입니다.
⑥ 알리사의 시계입니다.
⑦ 타일러의 옷입니다.
⑧ 아버지의 넥타이입니다.
⑨ 할아버지의 안경입니다.
⑩ 조이의 지갑입니다.

[쪽] 86
① 아니오, 책을 안 읽습니다.
② 아니오, 밥을 안 먹습니다.
③ 아니오, 비가 안 옵니다.
④ 아니오, 날씨가 안 좋습니다.
⑤ 아니오, 등산을 안 합니다.
⑥ 아니오, 차를 안 마십니다.
⑦ 아니오, 산을 안 오릅니다.
⑧ 아니오, 운동을 안 합니다.
⑨ 아니오, 친구를 안 만납니다.
⑩ 아니오, 한국어를 안 가르칩니다.

[쪽] 87
① 책을 읽습니다.
② 밥을 먹습니다.
③ 비가 옵니다.
④ 날씨가 좋습니다.
⑤ 등산을 합니다.
⑥ 차를 마십니다.
⑦ 산을 오릅니다.
⑧ 운동을 시작합니다.
⑨ 친구를 만납니다.
⑩ 한국어를 가르칩니다.

[쪽] 90
① 제 고향은 미국 뉴욕이에요.
② 제 고향은 중국 길림성이에요.
③ 제 고향은 필리핀 보라카이에요.
④ 제 고향은 영국 런던이에요.
⑤ 제 고향은 프랑스 파리예요.
⑥ 제 고향은 사이판이에요.
⑦ 제 고향은 일본 도쿄예요.
⑧ 제 고향은 태국 치앙마이예요.
⑨ 제 고향은 몽골 울란바타르예요.
⑩ 제 고향은 미국 워싱턴이에요.

[쪽] 91
① 좋은 기분을 유지할 수 있다니 너무 좋아요.
② 택시가 열 명이나 태울 수 있다니 매우 놀라워요.
③ 그가 살아 있다니 정말 기뻐요.
④ 친구가 와 있다니 매우 기뻐요.

⑤ 가솔린을 생산할 수 있다니 얼마나 부러워요.
⑥ 누구든지 할 수 있다니 별것 아니네요.
⑦ 그럴 수가 있다니 정말 섭섭해요.
⑧ 아이디어를 빌릴 수 있다니 아주 재미있네요.
⑨ 얼마든지 참을 수 있다니 정말 대단해요.
⑩ 무거운 것을 들 수 있다니 매우 힘이 세네요.

[쪽] 92
① 한국에서 가장 높은 산은 백두산이에요.
② 제시카가 우리 반에서 가장 빨라요.
③ 할머니께서는 저를 가장 사랑하셨어요.
④ 술은 가장 알맞을 때 끊어야 해요.
⑤ 에일리가 우리 반에서 공부를 가장 잘 해요.
⑥ 가장 힘들어하는 일은 아이를 키우는 일이에요.
⑦ 가장 유명한 철학자가 되는 것이 꿈이에요.
⑧ 알렉스는 담배 연기를 가장 싫어해요.
⑨ 지금 하는 일이 정성이 가장 많이 들여요.
⑩ 김치는 제가 가장 좋아하는 음식이에요.

[쪽] 93
① 큰 집을 지어 준다면 정말 고마울 것 같아요.
② 자가용을 사 준다면 정말 고마울 것 같아요.
③ 외국 여행을 간다면 정말 기쁠 것 같아요.
④ 보석을 줍는다면 정말 놀라울 것 같아요.
⑤ 내가 한다면 정말 믿을 수 없을 것 같아요.
⑥ 아기를 본다면 정말 행복할 것 같아요.
⑦ 내가 잘한다면 정말 힘이 날 것 같아요.
⑧ 분노를 억제한다면 정말 대단할 것 같아요.
⑨ 존경의 대상이 된다면 정말 기쁠 것 같아요.
⑩ 머리를 자유롭게 돌린다면 정말 편할 것 같아요.

[쪽] 96
① 버스를 타고 가요.
② 기차를 타고 가요.
③ 트럭을 타고 가요.
④ 구급차를 타고 가요.
⑤ 택시를 타고 가요.
⑥ 승용차를 타고 가요.
⑦ 자전거를 타고 가요.
⑧ 오토바이를 타고 가요.
⑨ 헬리콥터를 타고 가요.
⑩ 비행기를 타고 가요.

[쪽] 97
① 빵집에서 먹은 다음 도서관에 가야 해요.
② 침대에서 잔 다음 이불을 개야 해요.
③ 텔레비전을 본 다음 청소를 해야 해요.
④ 연필을 산 다음 노트를 사야 해요.
⑤ 축구를 한 다음 배구를 해야 해요.
⑥ 노래를 부른 다음 차를 마셔야 해요.
⑦ 집에서 쉰 다음 공부를 해야 해요.
⑧ 그림을 그린 다음 그림을 팔아야 해요.
⑨ 땅을 판 다음 나무를 심어야 해요.

⑩ 물건을 판 다음 돈을 모아야 해요.

[쪽] 98
① 나는 너보다 연필을 더 많이 갖고 있다.
② 연필보다 만년필이 더 비싼 물건이에요.
③ 조금만 더 걸어 가 보세요.
④ 좀 더 가면 왼쪽에 그 집이 있어요.
⑤ 먹을 것이 더 있어요.
⑥ 그는 나보다 일을 더 빨리 해요.
⑦ 이것은 저것보다 더 예뻐요.
⑧ 그는 나보다 키가 더 커요.
⑨ 올해가 작년보다 더 추워요.
⑩ 내일 날씨는 더 나빠질 거예요.

[쪽] 99
① 걸어서 네 시간쯤 걸려요.
② 제시카는 내 나이쯤 돼요.
③ 10개쯤 준 것 같아요.
④ 얼마쯤 주었어요?
⑤ 그림이 90%쯤 완성되었어요.
⑥ 50명쯤의 학생들이 모였어요.
⑦ 네 시쯤에 모여라.
⑧ 몇 시쯤에 만날까요?
⑨ 다음 주쯤 또 오겠어요.
⑩ 열흘쯤 전의 일이에요.

[쪽] 102
① 어머니께 편지를 쓰는데 할 말이 없는데요.
② 물건을 사기는 사야 했는데 돈이 없는데요.
③ 얼굴이 예쁜데 키가 좀 작은데요.
④ 글씨를 예쁘게 쓰는데 무슨 말인지 알 수가 없는데요.
⑤ 반찬이 맛있는데 많지 않은데요.
⑥ 공부를 잘 하는데 운동을 너무 못하는데요.
⑦ 비가 왔는데 피할 길이 없는데요.
⑧ 노래를 부르고 싶은데 소리가 나오질 않는데요.
⑨ 꽃이 잘 피었는데 비가 안 오는데요.
⑩ 개구리가 우는데 날이 맑은데요.

[쪽] 103
① 배가 아파서 병원에 간 것 같아요.
② 바람이 불어서 꽃잎이 떨어진 것 같아요.
③ 비가 와서 우산을 쓴 것 같아요.
④ 달리기를 해서 힘이 빠진 것 같아요.
⑤ 친구 생일이어서 선물을 산 것 같아요.
⑥ 봄이 되어서 새싹이 돋는 것 같아요.
⑦ 감기에 걸려서 약을 먹는 것 같아요.
⑧ 친구가 보고 싶어서 친구를 만난 것 같아요.
⑨ 어머니가 보고 싶어서 편지를 쓴 것 같아요.
⑩ 잠이 와서 침대에서 잔 것 같아요.

[쪽] 104
① 꽃이 피면 새도 울어요.
② 충분히 자면 피로가 풀려요.

③ 운동을 하면 건강해져요.
④ 물을 주면 나무가 잘 자라요.
⑤ 공부를 열심히 하면 시험을 잘 봐요.
⑥ 봄이 오면 새싹이 돋아요.
⑦ 눈이 오면 너무 추워요.
⑧ 친구와 다투면 기분이 좋지 않아요.
⑨ 밥을 먹으면 배가 불러요.
⑩ 가을이 오면 낙엽이 떨어져요.

[쪽] 105
① 극장에서 영화를 봐야 할 것 같아요.
② 문구점에서 연필을 사야 할 것 같아요.
③ 분식점에서 떡볶이를 먹어야 할 것 같아요.
④ 가게에서 우산을 사야 할 것 같아요.
⑤ 친구에게 선물을 주어야 할 것 같아요.
⑥ 도서관에서 책을 읽어야 할 것 같아요.
⑦ 화실에서 그림을 그려야 할 것 같아요.
⑧ 학교에서 친구를 만나야 할 것 같아요.
⑨ 운동장에서 축구를 해야 할 것 같아요.
⑩ 꽃집에서 꽃을 구하여야 할 것 같아요.

[쪽] 108
① 핸드백을 살 수 있어요?
② 빵을 만들 수 있어요?
③ 소설을 읽을 수 있어요?
④ 축구를 할 수 있어요?
⑤ 야구공을 칠 수 있어요?
⑥ 일기를 쓸 수 있어요?
⑦ 영화를 볼 수 있어요?
⑧ 시장을 구경할 수 있어요?
⑨ 전화를 할 수 있어요?
⑩ 스케이트를 탈 수 있어요?

[쪽] 109
① 바지의 길이가 긴 것 같아요.
② 허리가 큰 것 같아요.
③ 옷이 작은 것 같아요.
④ 소매가 짧은 것 같아요.
⑤ 옷이 헐렁한 것 같아요.
⑥ 이 음악이 유행하는 것 같아요.
⑦ 아이가 밥을 먹는 것 같아요.
⑧ 의자에 앉아 있는 것 같아요.
⑨ 새가 우는 것 같아요.
⑩ 토끼가 뛰어가는 것 같아요.

[쪽] 110
① 바지의 길이가 안 긴 것 같아요.
② 허리가 안 큰 것 같아요.
③ 옷이 안 작은 것 같아요.
④ 소매가 안 짧은 것 같아요.
⑤ 옷이 안 헐렁한 것 같아요.
⑥ 이 음악이 안 유행하는 것 같아요.
⑦ 아이가 밥을 안 먹은 것 같아요.

⑧ 의자에 안 앉아 있는 것 같아요.
⑨ 새가 안 우는 것 같아요.
⑩ 토끼가 안 뛰어가는 것 같아요.

[쪽] 111
① 핸드백 말고 양말을 샀는데요.
② 빵 말고 케이크를 만드는데요.
③ 소설 말고 만화책을 읽는데요.
④ 축구 말고 야구를 하는데요.
⑤ 야구 말고 탁구를 치는데요.
⑥ 일기 말고 동화를 쓰는데요.
⑦ 영화 말고 연극을 보는데요.
⑧ 시장 말고 백화점을 구경하는데요.
⑨ 반지 말고 팔찌를 주는데요.
⑩ 스케이트 말고 썰매를 타는데요.

[쪽] 114
① 도서관에서 책을 보자.
② 남산 정상에서 만나자.
③ 교실에서 조용히 책을 읽자.
④ 북한산 등산을 하자.
⑤ 엘리베이터를 함께 타자.
⑥ 밭에서 열심히 일하자.
⑦ 산에서 나무를 심자.
⑧ 잠 자기 전에 일기를 쓰자.
⑨ 버릴 것은 분류하여 버리자.
⑩ 우리 함께 우유를 마시자.

[쪽] 115
① 배고픈 아기가 운다.
② 예쁜 인형을 갖고 싶다.
③ 깨끗한 유리창이 반짝인다.
④ 어두운 밤에 별이 총총하다.
⑤ 가는 가지가 바람에 흔들린다.
⑥ 두꺼운 책을 읽는 것이 어렵다.
⑦ 쉬운 문제가 풀기 쉽다.
⑧ 어려운 일을 마치면 더욱 기쁘다.
⑨ 노란 병아리가 귀엽다.
⑩ 무서운 호랑이가 나타났다.

[쪽] 116
① 우리 침대에서 자고 싶은 대로 자자.
② 우리 공원에서 놀고 싶은 대로 놀자.
③ 우리 인도에서 달리고 싶은 대로 달리자.
④ 우리 도서관에서 공부하고 싶은 대로 하자.
⑤ 우리 매일 만나고 싶은 대로 만나자.
⑥ 우리 화장품을 사고 싶은 대로 사자.
⑦ 우리 열심히 공부하고 싶은 대로 하자.
⑧ 우리 집에 가고 싶은 대로 가자.
⑨ 우리 멀리 뛰고 싶은 대로 뛰자.
⑩ 우리 나무를 심고 싶은 대로 심자.

정답

① 칭찬은커녕 화를 냈습니다.
② 고마워하기는커녕 짜증을 냈습니다.
③ 미인은커녕 귀신 같았습니다.
④ 백 원은커녕 십 원도 주지 않았다.
⑤ 이 책이 재미있기는커녕 싫증이 났습니다.
⑥ 환영은커녕 냉대를 받았습니다.
⑦ 저축은커녕 돈을 빼갔습니다.
⑧ 즐겁기는커녕 불쾌했습니다.
⑨ 영어는커녕 한국어도 못했습니다.
⑩ 노래는커녕 말도 못했습니다.

[쪽] 120
① 선물로 귀걸이는 어떨까?
② 선물로 목걸이는 어떨까?
③ 선물로 브로치는 어떨까?
④ 선물로 허리띠는 어떨까?
⑤ 선물로 스카프는 어떨까?
⑥ 선물로 목도리는 어떨까?
⑦ 선물로 지갑은 어떨까?
⑧ 선물로 핸드백은 어떨까?
⑨ 선물로 시계는 어떨까?
⑩ 선물로 팔찌는 어떨까?

[쪽] 121
① 잠을 자고 싶어 했어.
② 선생님이 되고 싶어 했어.
③ 친구를 보고 싶어 했어.
④ 책을 읽고 싶어 했어.
⑤ 아픈 기억을 잊고 싶어 했어.
⑥ 애완동물을 기르고 싶어 했어.
⑦ 할머니 댁에 가고 싶어 했어.
⑧ 낚시를 하고 싶어 했어.
⑨ 이사를 가고 싶어 했어.
⑩ 공을 차고 싶어 했어.

[쪽] 122
① 귀걸이를 줘야겠네.
　귀걸이를 줘야겠어요.
　귀걸이를 줘야겠습니다.
② 넥타이를 받아야겠네.
　넥타이를 받아야겠어요.
　넥타이를 받아야겠습니다.
③ 열쇠고리를 사야겠네.
　열쇠고리를 사야겠어요.
　열쇠고리를 사야겠습니다.
④ 샌들을 골라야겠네.
　샌들을 골라야겠어요.
　샌들을 골라야겠습니다.

[쪽] 123
① 물건값이 좀 비싸네.
② 아버지가 좀 편찮으신 것 같네.

③ 아들아, 좀 더 열심히 공부해라.
④ 어머니, 좀 더 주무세요.
⑤ 손을 좀 빌려 주세요.
⑥ 이것 좀 드세요.
⑦ 빨리 좀 가세.
⑧ 제발 물을 좀 주세요.
⑨ 진지를 좀 더 드시겠습니까?
⑩ 늦을 것 같으니 자리를 좀 맡아 줘.

[쪽] 126
① 오늘 늦기 전에 집에 오려고요.
② 오늘 사과나무를 심으려고요.
③ 오늘 저녁에 선물을 사려고요.
④ 오늘 친구에게 꽃을 주려고요.
⑤ 오늘 북한산에 오르려고요.
⑥ 지금 엘리베이터를 타려고요.
⑦ 지금 화분에 물을 주려고요.
⑧ 지금 음식을 맛있게 씹으려고요.
⑨ 지금 긴 끈을 자르려고요.
⑩ 지금 여러 포기의 배추를 묶으려고요.

[쪽] 127
① 네가 한 일 정말 잘했어.
② 네가 입은 옷이 정말 멋있다!
③ 어머니가 만들어 주신 옷이 정말 훌륭해요.
④ 와, 나무가 정말 큰데요.
⑤ 선물을 주시다니 정말 고마워요.
⑥ 이순신 장군은 정말 영웅입니다.
⑦ 삼촌 댁에 정말 가지 않겠어요?
⑧ 비행기가 정말 빠르구나!
⑨ 이 동네는 정말 깨끗합니다.
⑩ 인형이 정말 예쁘네요.

[쪽] 128
① 옷을 벗으니 시원한 것 같아요.
② 기차를 타니 빠른 것 같아요.
③ 공원을 산책하니 기분이 좋은 것 같아요.
④ 운동을 하니 땀이 나는 것 같아요.
⑤ 산에 오르니 기분이 상쾌해지는 것 같아요.
⑥ 밭에 오니 할 일이 많은 것 같아요.
⑦ 강아지를 만지니 보송보송한 것 같아요.
⑧ 하늘을 보니 파란 것 같아요.
⑨ 차를 마시니 향기가 나는 것 같아요.
⑩ 김치찌개를 먹으니 배부른 것 같아요.

[쪽] 129
① 말대꾸도 할 줄 알고 아주 제법인데.
② 아주 오랜 옛날 이야기입니다.
③ 이번 시험 문제는 아주 쉬웠어요.
④ 병수는 노래를 아주 잘 부른다.
⑤ 규칙적인 운동은 건강에 아주 좋습니다.
⑥ 제시카는 에일리와 생각하는 것이 아주 달랐어요.
⑦ 나는 엄마를 만나면 마음이 아주 편해요.

⑧ 비가 그치자 아주 가까운 곳에서 부엉새가 울었습니다.
⑨ 집에 도착한 것은 밤이 아주 깊어서였어.
⑩ 아주 급하고 위험한 일이 아니면 천천히 하자.

[쪽] 132
① 어제는 많이 아파서 결석을 했습니다.
② 닭은 날개를 사용하지 않아서 날개를 쓰지 못했습니다.
③ 소피아는 한국어에 관심이 많아서 한국에 왔습니다.
④ 그는 산을 좋아해서 주말마다 산에 갔습니다.
⑤ 그는 살을 빼기로 마음먹어서 밤마다 운동했습니다.
⑥ 토니는 저녁에 일을 나가서 낮에는 잠을 잤습니다.
⑦ 날씨가 추워져서 옷을 두껍게 입고 나왔습니다.
⑧ 비가 와서 여행 계획은 취소되었습니다.
⑨ 시험 문제가 너무 어려워서 합격하지 못했습니다.
⑩ 용돈을 준다고 해서 심부름을 다녀왔습니다.

[쪽] 133
① 에일리는 자리에서 일어났고, 창문을 열었다.
② 메이슨은 가방에서 약을 꺼냈고, 그 약을 꿀꺽 삼켰다.
③ 제이든은 밭에 참외, 수박을 심었고, 딸기도 심었다.
④ 윌리엄은 노래를 잘 부르고, 그림도 잘 그린다.
⑤ 바위 위에 쭈그리고 앉고, 두 손으로 얼굴을 문지른다.
⑥ 밥을 먹었고, 양치질을 했다.
⑦ 조세프는 침대에서 일어났고, 불을 끄고 방을 나갔다.
⑧ 엔써니를 만났고, 크리스토퍼도 만났지.
⑨ 총소리는 요란하게 들렸고, 더 가깝게 들려왔다.
⑩ 걸레를 들었고, 창문을 닦았다.

[쪽] 134
① 온 가족과 함께 여행을 갔습니다.
② 동생과 함께 공부를 했습니다.
③ 선생님과 함께 이야기를 나누었습니다.
④ 과자와 함께 음료수를 마셨습니다.
⑤ 봄과 함께 새싹이 돋고 꽃이 핀다.
⑥ 제시카와 함께 땅을 팠습니다.
⑦ 셔츠 몇 벌과 함께 가방 속에 넣었습니다.
⑧ 어린 아이들과 함께 공원에서 놀았습니다.
⑨ 친근한 악수와 함께 인사말을 나누었습니다.
⑩ 절망감과 함께 현기증을 느꼈습니다.

[쪽] 135
① 과제를 마친 후에 밖에서 놀았습니다.
② 주스를 마신 후에 책을 읽었습니다.
③ 종이 울린 후에 수업이 시작되었습니다.
④ 식사를 한 후에 냅킨으로 입을 닦았습니다.
⑤ 친구를 만난 후에 도서관에 갔습니다.
⑥ 책을 다 읽은 후에 집으로 돌아왔습니다.
⑦ 두 시간이 흐른 후에 친구를 만났습니다.
⑧ 저녁밥을 먹은 후에 과일을 먹었습니다.
⑨ 결혼을 한 후에 집을 사서 이사를 갔습니다.
⑩ 졸업을 한 후에 직장에 들어갔습니다.